남자 영웅을 꿈꾸다

남자
영웅을
꿈꾸다

초판 1쇄 인쇄일 2014년 5월 10일
초판 1쇄 발행일 2014년 5월 15일

지은이 김승환
펴낸이 양옥매
디자인 최원용
교 정 조준경

펴낸곳 도서출판 책과나무
출판등록 제2012-000376
주소 서울특별시 마포구 월드컵북로 44길 37 천지빌딩 3층
대표전화 02.372.1537 팩스 02.372.1538
이메일 booknamu2007@naver.com
홈페이지 www.booknamu.com
ISBN 979-11-85609-35-5(03230)

이 도서의 국립중앙도서관 출판시도서목록(CIP)은 서지정보유통지원 시스템
홈페이지(http://seoji.nl.go.kr)와 국가자료공동목록시스템
(http://www.nl.go.kr/kolisnet)에서 이용하실 수 있습니다.
(CIP제어번호 : CIP2014015017)

남자 영웅을 꿈꾸다

김승환 지음

책과나무

차 례
contents

프롤로그 · 06

1장 남자, 홀로서기를 시작하다 · 10
아브라함 (창세기 12:1-3)

2장 남자, 축복의 우물을 나누는 사람 · 30
야곱 (창세기 26:12-25)

3장 남자, 발에서 신을 벗는 사람 · 52
모세 (출애굽기 3:1-12)

4장 남자를 무너뜨리는 결정적인 실수 · 74
여호수아 (여호수아 9:3-15)

5장 남자, 그 거룩함의 존재 · 94
삼손 (사사기 13:1-7)

6장 남자, 그가 머물러야 할 장소 · 116
사무엘 (사무엘상 2:18-26)

남 자

영웅을 꿈꾸다

7장 남자, 하나님을 바라보는 사람 · 134

다윗 (사무엘상 17:41-49)

8장 남자의 눈물은 역사를 세운다 · 154

느헤미야 (느헤미야 1:1-11)

9장 남자, 고독함을 헤치고 나온 영웅 · 172

엘리야 (열왕기상 19:9-14)

10장 남자, 타인에게 인정받다 · 192

다니엘 (다니엘 6:16-28)

11장 남자, 정의를 외치며 살아가다 · 210

아모스 (아모스 2:6-12, 9:11-15)

12장 남자, 그가 사랑해야 할 사람들 · 230

호세아 (호세아 3:1-3, 6:1-6)

　남자들이 멋졌으면 좋겠다. 개성있는 외모와 센스넘치는 재치로 스스로를 가꾸는 것도 좋고, 열정과 패기로 무장한 밑도 끝도 없는 자신감으로 당당히 살았으면 좋겠다. 길거리에서 축 늘어진 어깨와 헝클어진 머리, 헤어진 신발을 하고 다니는 남자들을 볼 때마다 "당신은 정말 멋진 사람이야"라고 말해주고 싶다.

　사실 남자의 멋은 겉으로 보여지는 것이 다가 아니다. 존재로부터 뿜어 나오는 깊은 내공 속에 감추어둔 그 무엇에 신비감이 숨어 있다. 남자들은 저마다 스스로 잘났다고 여기는 한가지씩은 다 가지고 있다. 하지만 그 잘남을 자기가 자랑하기 시작할 때 비웃음과 경계의 대상이 되고 만다. 말하지 않아도, 보여주지 않아도 남들이 알아봐줄때까지 기다려야 한다. 말하는 순간 바보가 된다.

　멋진 남자를 만나고 싶어도 주변에서 찾기가 쉽지 않다. 학교에도 없고, 교회에도 없다. 길거리는 더더욱 없다. 그럼 어디에서 찾을 수 있을까? 그런 고민으로 성경을 펼쳤더니 멋진 남자들이 한 트럭이다. 그들 중에 누구를 소개할까 고르기가 힘들었다.

열 두 남자는 역사와 신앙안의 실존한 인물들이다. 상상속의 존재가 아니라 우리처럼 똑같이 하루세끼 밥먹고 뛰어다녔던 사람이다. 그들을 믿음의 영웅이라 부르고 싶지만 판타지 영화에서 세상을 구원하는 그런 영웅은 아니다. 허점도 많고, 실수도 하며, 그냥 울어버리는 연약한 존재에 불과하다. 하지만 다른 것이 하나 있다. 그것은 바로 하나님 앞에서, 하나님과 함께, 하나님을 위하여, 살았다는 점. 난 그런 남자가 좋다.

이 책은 사실 나를 향한 글이다. 아브라함, 야곱, 모세, 다윗, 다니엘, 아모스…… 그들처럼 살고 싶어하는 내 바람이다. 그러나 이 시대를 살아가는 모든 남자들의 바람, 아니 그들에게 희망을 걸고 매일 매일 함께 살아가는 수많은 이들의 바람이었으면 한다. 그래서 성경이 말하는 남자들을 설명해주고 싶었다. 영웅들이 이렇게 살았으니 당신도 이렇게 살 수 있다고.

원고를 다시 읽어보니 부끄러움 투성이다. 책이 나올때쯤이면 어디로 도망가고 없을지도 모른다. 어이없게도 난 이렇게 바보같은 남자다. 그렇게 살지도 못한 남자가 그렇게 남자답게 살라고 말한다.

사실 제목을 〈남자, 영웅을 꿈꾸다〉가 아니라 〈남자, 영웅의 어깨 위에 서다〉로 하고 싶었다. 정신의학자인 알프레드 아들러는 '거인의 어깨 위에 있는 난쟁이가 거인보다 더 멀리 볼 수 있다'고 했다. 영웅과 거인의 사라진 시대에서 살아남는 방법은 그들을 밟고 일어서는 것밖에 없다. 영웅을 넘어설 수 없다면 그 옆에 붙어 있어도 좋다. 그들의 눈으로 세상을 보고 나를 볼 수 있다면 당신은 이미 그들 어깨위에 서 있는 셈이다. 영웅을 꿈꾸지 말고 그 위에 난쟁이를 꿈꾸는 것도 좋다. 난쟁이도 충분히 멋진 인생이다.

부족한 남자와 살아준 사랑하는 아내와 그 남자를 아빠라고 부르는 아들 건우에게 고마움을 전한다.

2014. 4.
신촌 필름포럼에서

01

남자,
영웅을 꿈꾸다

창세기 12:1-3

1 여호와께서 아브람에게 이르시되 너는 너의 고향과 친척과 아버지의 집을 떠나 내가 네게 보여 줄 땅으로 가라
2 내가 너로 큰 민족을 이루고 네게 복을 주어 네 이름을 창대하게 하리니 너는 복이 될지라
3 너를 축복하는 자에게는 내가 복을 내리고 너를 저주하는 자에게는 내가 저주하리니 땅의 모든 족속이 너로 말미암아 복을 얻을 것이라 하신지라

남자,
홀로서기를
시작하다

아브라함

남자의 인생은 고독합니다. 고독은 홀로 있음으로부터 오는 것이지만, 정확하게 말하면 어디로 가야 하는지에 대한 고민으로부터 옵니다. 남자의 실존적 고민은 선택의 순간에 마주하는 인생의 무게를 경험하는 순간으로부터 시작됩니다.

홀로서기를 시작하는 모든 남자들을 축복하고 싶습니다. 용기 있게 자신의 길을 묵묵히 걸어가는 이들을 응원하고 싶습니다. 하지만 그것이 그리 쉽지 않다는 것을 잘 압니다. 삶의 위기와 무수한 난관들 앞에서 남몰래 눈물 흘리며 통곡하는 그들의 등을 어루만져 주고 싶습니다. 하지만 분명한 것은 성경 속에 등장하는 수많은 사람들이 그 길을 걸었다는 사실입니다. 그래서 희망을 보기도 합니다.

홀로서기를 시작한 남자들에게 아브라함의 삶을 추적해 보기를 원합니다. 그를 통해 남자의 실존적 고민의 작은 실마리를 보려고 합니다.

아버지의 품을 떠나라

　남자의 삶은 언제부터 시작될까요? 바로 아버지를 떠나면서부터 남자의 인생은 시작됩니다. 정신적으로 육체적으로 의존했던 아버지로부터의 독립은 스스로 생각하고 결정하며 책임지는 한 존재로서 성장하는 중요한 출발점입니다. 아브라함의 삶 역시 아버지를 떠나보내면서부터 시작됩니다. 홀로서기죠.

　아버지 데라는 가족을 이끌고 고향 갈대아 우르를 떠납니다. 갈대아 우르는 수메르 왕국의 도시로 달 신(Nannar)을 섬기고 있었습니다. 농업이 발달했고 특별히 종교를 통한 상업이 발달했던 곳이죠. 그곳에서 데라는 아들 아브라함과 며느리 사라, 손자 롯을 데리고 가나안으로 출발합니다. 무슨 이유로 우르를 떠나는지 성경은 말하고 있지 않지만, 새로운 곳을 향해 나아갑니다.

　하지만 중간 경유지였던 하란에서 데라가 죽고 맙니다. 아버지를 따라 집을 나섰던 아브라함의 입장에서는 슬프고도 당황스러운 일이 아닐 수 없습니다. 남자에게 아버지는 절대적인 존재입니다. 아버지를 통해 세상을 배우고 인생살이를 배워 갑니다. 아버지가 들려주었던 옛날이야기와 가족의 이야기는 시간이 한참 흐른 뒤에도 아들의 가슴에 깊이 자리합니다.

　장례를 마친 뒤 아브라함은 깊은 고민에 사로잡힙니다. 어디로 가야할지 알지 못한 채 머뭇거리던 그때에 하나님의 음성이 들려옵니다.

창세기 12:1 여호와께서 아브람에게 이르시되 너는 너의 고향과 친척과 아버지의 집을 떠나 내가 네게 보여 줄 땅으로 가라.

　하나님은 아브라함에게 나타나 "고향과 친척과 아버지의 집을 떠나"라고 말씀합니다. 그리고 하나님께서 보여 줄 땅을 향해 나아가라고 합니다. 어디라고 구체적인 방향을 제시한 것이 아니라, 보여 줄 새로운 땅으로 향해 나아가라고 말씀합니다. 익숙했던 고향과 아버지의 품에서부터 일어서서 자신의 길을 가라는 메시지입니다. 아버지라는 인생의 거대한 버팀목을 뒤로하고 새로운 자신만의 삶을 출발하라 말씀합니다. 홀로서기는 떠남으로부터 시작합니다. 익숙한 공간, 관계로부터 거리두면서 남자는 성장합니다.

　홀로서는 이들의 떠남에는 두가지 의미가 있습니다. 먼저는 자리의 떠남입니다. 새로운 삶의 공간으로 향하는 것입니다. 낯선 자리와 사람들 사이에서 스스로 부딪히며 살아가는 것입니다. 이 시간을 통해 이전의 자기 모습을 하나둘씩 벗겨내고 또 다른 자신을 발견해 갑니다. 익숙함은 편하고 좋지만 소리 없이 다가와 우리 삶을 조금씩 갉아 먹고 결국 우리를 무너뜨리고 맙니다.

또 다른 부분은 관계의 떠남입니다. 어린 아이일 때 우리는 무엇을 해야 할지 어디로 가야 할지 스스로 생각해 내지 못하고 늘 부모님께 물었습니다. 결정하지 못하고 결정을 받아야 하는 존재였죠. 하지만 홀로서기를 시작했을 때부터는 스스로생각하고 결정하기 시작합니다. 선택에 있어서 책임도 스스로 집니다. 책임을 진다는 것은 어른이 되었다는 뜻이기도 합니다. 관계로부터 독립은 어른으로서 남자는 다른 누군가와도 성숙한 만남을 시작할 수 있습니다.

홀로섰다면 말씀을 따라가라

12:4 이에 아브람이 여호와의 말씀을 따라갔고 롯도 그와 함께 갔으며 아브람이 하란을 떠날 때에 칠십오 세였더라.

홀로서기를 시작했다고 아무런 기준 없이 사는 것은 아닙니다.

홀로서기는 자유를 찾아가는 과정이 아니라 올바름을 향하는 과정입니다. 다시말해, 자기 자신을 자리를 찾아가는 여정입니다.

하지만 중요한 것이 있습니다. 바로 기준입니다. 어떤 기준으로 홀로서기를 할 것인가의 문제입니다. 자기 자신이 기준이 될 때 상황에 따라, 기분에 따라 흔들릴 수 있습니다. 가족이 기준이거나 관계가 기준이라면 상황은 더욱 심각해집니다. 삶의 기준은 변하지 않는 것이어야 합니다.

아브라함은 하나님의 말씀을 좇았습니다. 그의 나이 75세 때입니다. 인생을 많이 살아온 뒤에야 비로소 하나님의 말씀을 따릅니다.

젊은 날의 지식과 경험도 있었지만, 그것을 내려놓고 하나님의 말씀을 붙잡습니다. 두려워서가 아닙니다. 길을 몰라서도 아닙니다. 그것이 올바른 지혜이기 때문입니다.

자신의 결정과 신념을 따르는 것이 현명한 것처럼 보일 수도 있지만, 한 치 앞도 내다보지 못하는 인간의 연약한 한계를 극복할 수는 없습니다.

아브라함이 말씀을 따라가자 조카 롯도 함께 갑니다. 한 사람이 올바른 길을 걷게 되면 따르는 사람도 올바른 길을 찾아 갈 수 있습니다. 남자가 건강하게 홀로서기를 해야 하는 이유가 바로 여기에 있습니다.

남자는 기준을 보여 주는 사람입니다. 남자의 걸음걸이는 단지 개인의 것이 아닙니다. 그와 함께하는 가족과 친구, 직장 동료들의 운명과 함께하는 것입니다. 삶의 자리에서 한 사람이 하나님 앞에 정직하게 바로 설 때 그와 함께하는 사람들이 바로 서는 것입니다.

시 119:105 주의 말씀은 내 발의 등이요 내 길에 빛이니이다.

말씀을 따라가는 것이 무엇일까요? 참으로 어려운 이야기입니다. 성경의 말씀을 구절구절 읽어 보고 모든 삶에 똑같이 적용할 수는 없는 일입니다. 대다수의 그리스도인들이 말씀대로 살고자 노력하지만, 그렇게 쉽지만은 않습니다.

하지만 한 가지 방법이 있습니다. 바로 예수님을 따르는 것입니다. 말씀이 육신이 되어 우리 가운데 오신 예수 그리스도의 삶을 따라가면 됩니다. 그분의 삶이 우리의 모델입니다.

예수님을 좇는다면 실패하지 않는 인생이 될 것입니다. 예수님을 따르는 남자는 좌우로 흔들리지 않습니다.

무엇보다도 예배가 소중하다

12:7 여호와께서 아브람에게 나타나 이르시되 내가 이 땅을 네 자손에게 주리라 하신지라 자기에게 나타나신 여호와께 그가 그곳에서 제단을 쌓고 8 거기서 벧엘 동쪽 산으로 옮겨 장막을 치니 서쪽은 벧엘이요 동쪽은 아이라 그가 그곳에서 여호와께 제단을 쌓고 여호와의 이름을 부르더니……

가나안 땅에 도착한 아브라함이 가장 먼저 한 일이 무엇일까요? 바로 예배입니다. 제단을 쌓고 하나님께 예배를 드립니다. 하란에서 가나안까지 인도해 주신 하나님께 감사를 드립니다. 예배는 아브라함이 장소로 옮길 때마다 가장 먼저 한 행동이었습니다.

어디로 가야 할지를 고민하는 순간마다 예배를 드리면서 하나님의 뜻을 구합니다. 그는 예배 안에서 인생의 해답을 찾고자 했습니다. 삶의 우선순위가 예배였기에 그의 선택은 실패하지 않았습니다.

하지만 아브라함의 인생을 전체적으로 살펴보면 그가 예배하지 않고 결정한 적이 한번 있습니다. 가나안 땅에 기근이 찾아와서 먹을 것이 없어지자, 물이 풍부하고 먹을 것이 많은 애굽으로 내려갑니다. 당장의 이익을 쫓아간 것이죠. 애굽에서 먹을 것은 해결되었지만 또 다른 문제가 생깁니다. 바로 그의 아내 사라가 너무 아름다운 게 문제가 되었습니다.

애굽 사람들이 아브라함 자신을 죽이고 아내를 빼앗아 갈까 봐 사라를 누이라고 거짓말합니다. 애굽 사람들은 사라가 누이란 말에 아브라함에게 많은 재물을 주고 그녀를 왕에게 데리고 갑니다. 작은 문제를 피하자 더 큰 문제가 생겼습니다. 문제를 인간적인 방법으로 해결하려 할 때 더 큰 문제를 만나게 되어 있습니다. 거짓말이 눈덩이처럼 커지는 것처럼 말이죠.

처음에는 기근이 문제였고, 두 번째는 아름다운 아내가 문제였고, 세 번째는 애굽 왕이 문제가 되었습니다. 이 모든 일의 근원은 바로 하나님께 묻지 않고 애굽으로 이동했기 때문입니다.

이 상황을 어떻게 해결할 수 있을까요? 사람이 할 수 있는 방법은 없습니다. 우리는 문제를 만들지만 정작 그 문제를 해결할 능력은 없습니다. 이 상황에서 하나님의 도움이 필요합니다. 하나님께서 간섭하셔서 애굽 왕의 집에 큰 재앙을 내리셨습니다. 애굽 왕이 뒤늦게 깨닫고 아브라함을 부릅니다. 그리고 아내를 데려가라고 말합니다. 하나님의 극적인 개입으로 모든 문제가 해결됩니다. 오히려 문제가 축복으로 바뀌게 됩니다. 하나님은 우리의 문제를 은혜로 바꾸어주십니다. 그렇다면 모든 상황 앞에서 잠잠히 하나님의 도우심을 구하는 것이 지혜입니다.

13:1 아브람이 애굽에서 그와 그의 아내와 모든 소유와 롯과 함께 네게브로 올라가니 2 아브람에게 가축과 은과 금이 풍부하였더라. 3 그가 네게브에서부터 길을 떠나 벧엘에 이르며 벧엘과 아이 사이 곧 전에 장막 쳤던 곳에 이르니 4 그가 처음으로 제단을 쌓은 곳이라 그가 거기서 여호와의 이름을 불렀더라.

아브라함은 애굽에서 다시 가나안으로 올라옵니다. 그가 처음 가나안에 도착했던 지역으로 돌아와 다시 예배드립니다.

예배는 남자의 기준이고 방향입니다. 선택의 순간마다 하나님을 찾는 것이 지혜입니다. 하나님을 예배하는 남자가 강력한 남자입니다. 기준 없이 행동한다면 아무런 열매를 얻을 수 없습니다. 남자는 예배의 자리를 떠나면 안 됩니다. 그 자리에서 인생의 해답을 얻어야 합니다.

하나님의 약속을 끝까지 붙잡아라

애굽에서 올라온 아브라함에게 하나님은 자녀를 약속합니다. 늦은 나이에 하나님의 따랐던 아브라함에게는 아직 자녀가 없었습니다. 100세가 다 되어 가는데도 아들을 얻지 못했습니다. 자녀를 축복이라고 생각했던 당시 사회에서는 자식 없이 사는 것은 신에게 저주를 받은 삶과 같은 것입니다.

하나님께서 아브라함에게 여러 차례 복을 주시겠다고 말씀하셨지만, 그 복이 무엇인지도 구체적으로 드러나지 않았습니다. 이때 하나님은 아브라함에게 자녀를 약속합니다.

13:16 내가 네 자손이 땅의 티끌 같게 하리니 사람이 땅의 티끌을 능히 셀 수 있을진대 네 자손도 세리라.

자손이 땅의 티끌처럼 많아진다니요. 자녀가 한 명도 없는 상황에서 이 말을 믿기는 쉽지 않습니다. 하지만 아브라함은 믿었습니다.

15:5 그를 이끌고 밖으로 나가 이르시되 하늘을 우러러 뭇별을 셀 수 있나 보라. 또 그에게 이르시되 네 자손이 이와 같으리라. 6 아브람이 여호와를 믿으니 여호와께서 이를 그의 의로 여기시고……

하나님은 그에게 또 말씀합니다. 하늘의 별처럼 자손들이 많아질 것이라 합니다. 하지만 이 약속은 너무 추상적입니다. 손에 잡히는 구체적인 내용이 아닙니다. 하늘의 별이 얼마나 많은데 그 별처럼 자손이 많아질 수 있을까요?

하지만 또 아브라함이 그 말을 믿습니다. 아브라함은 왜 믿었을까요? 그것은 바로 약속하시는 분이 다른 누구도 아닌 하나님이시기 때문입니다.

하나님은 한 번 더 자녀에 대한 약속을 합니다. 그의 장막에 하나님의 사람들을 보냅니다. 그리고 식사를 대접받는 자리에서 자녀에 대한 약속을 듣게 됩니다. 내년 이맘때에 아들을 얻을 것이라 말합니다.

그때 아브라함은 99세, 사라는 89세였습니다. 그냥 웃음만 나오는 상황입니다. 그냥 주시면 될 텐데, 왜 자꾸 약속만 하시는 걸까요?

먼저는 하나님께서 일하실 타이밍을 기다리는 것이고, 두 번째는 아브라함의 믿음을 보기 위해서입니다. 그리고 이 약속은 사람의 방법으로 이루어지지 않고 하나님께서 이루신다는 것을 알게 하기 위해서입니다.

우리가 명심해야 할 것은 이것이 사람의 약속이 아닌 하나님의 약속이라는 사실입니다. 약속하시는 분이 전능자라면, 우리는 그저 믿고 따르기만 하면 됩니다. 조급해 하지 말고 하나님이 일하실 때까지 기다리는 것이 지혜입니다.

남자들은 기다릴 줄 모릅니다. 무엇이든 빨리 이루고 싶어 합니다. 성공에 조급합니다. 적게 투자하고 빨리 이루려고 합니다. 그것이 성공이라고 말합니다. 인정에 조급합니다. 많은 이들로부터 좋은 평가를 받고 싶어 합니다. 하지만 하나님보다 빨리 움직여서는 안 됩니다. 앞서 가서는 안 됩니다. 앞서 가면서 얻는 성공은 진정한 성공이 아닙니다.

인생의 꼼수를 쓰지 마라

자녀에 대한 하나님의 약속을 아브라함은 믿었으나 그의 아내 사라가 믿지 못했나 봅니다. 자신이 여성으로서 출산할 수 없는 나이인 줄 알고, 그의 여종 하갈과 남편이 동침하게 합니다. 그리고 태어난 아들이 이스마엘입니다. 아브라함이 86세 때의 일이죠.

하나님은 이 아들이 약속의 자녀가 아니라고 말합니다. 그리고 다른 아들을 주시겠다고 약속합니다. 그리고 오히려 하갈의 아들 이스마엘로 인해 가정에 분쟁이 생기게 됩니다.

하갈이 임신하게 되자 여주인 사라를 멸시하기 시작합니다. 종이 주인 행세를 한 것이지요. 아브라함이 이 사실을 알고 하갈을 광야로 쫓아냅니다. 아들을 임신했는데 쫓겨나게 되죠.

　광야에서 슬픔에 잠겨 있던 하갈에게 여호와의 사자가 찾아갑니다. 아들을 낳을 텐데 이 아들이 분쟁과 싸움을 일으킬 것이라 말씀합니다. 축복의 자녀가 아니라 갈등의 자녀가 되어 버렸습니다.

16:11 여호와의 사자가 또 그에게 이르되 네가 임신하였은즉 아들을 낳으리니 그 이름을 이스마엘이라 하라. 이는 여호와께서 네 고통을 들으셨음이니라. 12 그가 사람 중에 들나귀 같이 되리니 그의 손이 모든 사람을 치겠고 모든 사람의 손이 그를 칠지며 그가 모든 형제와 대항해서 살리라 하니라.

　때로는 쉬운 방법으로 문제를 해결하고 싶을 때가 있습니다. 하지만 남자의 인생은 정도를 따라야 합니다. 잔머리를 굴리고 계산적으로 행동할 때 얻게 되는 이익보다 손해가 훨씬 많음을 알아야 합니다. 축복이 저주로 바뀔 수가 있습니다. 하나님은 우리의 생각 너머에 계신 분입니다. 아브라함의 자녀 이스마엘은 그의 형제 이삭과 평생 대결구도에서 살게 됩니다. 자신만 그런 것이 아니라 그의 자손들까지도 그랬습니다.

우직하게 한 길을 걸어가는 남자의 모습이 필요합니다. 주변에서 쉽게 갈 수 있는 길을 가르쳐 준다고 하더라도 고개를 돌리십시오. 하나님의 일하심은 속도가 아니라 방향에 있습니다.

가장 사랑하는 것을 내려놓아라

드디어 약속의 자녀, 이삭을 얻었습니다. 100세에 낳은 귀한 아들입니다. 그 기쁨은 말로 형언할 수 없습니다.

하지만 청천벽력 같은 소식이 찾아옵니다. 이삭이 청소년쯤 되었을 때 하나님은 아들을 제물로 드리라 합니다. 하나밖에 없는 아들을 짐승처럼 찢어서 제물로 바치라고 하는데 아브라함의 심정이 어땠을까요?

22:2 여호와께서 이르시되 네 아들 네 사랑하는 독자 이삭을 데리고 모리아 땅으로 가서 내가 네게 일러 준 한 산 거기서 그를 번제로 드리라. 3 아브라함이 아침에 일찍이 일어나 나귀에 안장을 지우고 두 종과 그의 아들 이삭을 데리고 번제에 쓸 나무를 쪼개어 가지고 떠나 하나님이 자기에게 일러 주신 곳으로 가더니 4 제삼일에 아브라함이 눈을 들어 그곳을 멀리 바라본지라.

하지만 아브라함은 주저함 없이 아모리 산으로 떠납니다. 사흘 길을 아들과 함께 걸어갑니다. 수많은 생각들이 오고갔을 것입니다. 천진난만하게 따라오는 아들을 바라보며 눈물을 훔쳤을 것입니다. 하나님을 원망도 했을 것입니다.

아브람의 행동은 철저히 하나님의 말씀에 순종으로 반응합니다. 이것은 시험입니다. 아들을 사랑하는지 아니면 하나님의 말씀을 따르는지 알아보기 위한 아브라함을 향한 하나님의 시험입니다. 시험은 사람을 넘어뜨리는 것이 목적이 아닙니다. 시험은 그의 위치가 어디인지 확인하는 작업입니다. 어떤 삶의 기준으로 살고 있는지 드러내야 하는 순간입니다.

하나님은 때론 우리에게 가장 사랑하는 그것을 내놓으라고 말씀합니다. 우리가 그토록 원하고 원해서 성취했던 그것을 달라고 합니다.
여러분은 어떻게 하시겠습니까? 네, 순종해야죠. 하지만 그리 쉽지만은 않습니다. 그래도 방법은 있습니다. 그 선물을 누가 주셨는지 깨닫는 것입니다. 나의 삶이 누구의 손에 있는지를 발견하는 것입니다. 그것이 내 것이 아니라 하나님이 주신 것임을 깨닫는 것입니다.
욥의 고백처럼 '주신이도 여호와시고 거두신 이도 여호와이심'을 깨닫는 것이 축복입니다. 우리가 선물에 집착하고 선물을 내려주신 하나님을 바라보지 못한다면 그 선물은 헛된 것이 되고 맙니다.

남자는 하나님 앞에서 사랑하는 그것을 내려놓을 수 있어야 합니다. 사랑하는 그 사람 때문에 혹은 그 물건 때문에 하나님과 멀어진다면, 그것은 축복된 인생이 아니라 실패의 인생입니다. 하나님 앞에서 홀로서기를 시작했다면 그 분 앞으로 더 가까이 다가갈 수 있어야 합니다. 손에 쥐고 있는 것이 크면 클수록 멀어질 수밖에 없고 내려놓을수록 점점 가까워지는 것입니다.

22:12 사자가 이르시되 그 아이에게 네 손을 대지 말라. 그에게 아무 일도 하지 말라. 네가 네 아들 네 독자까지도 내게 아끼지 아니하였으니 내가 이제야 네가 하나님을 경외하는 줄을 아노라.

아브라함이 이삭을 받치려는 순간 멈추라고 말씀합니다. 이제야 아들보다도 자신을 더욱 사랑한 줄 아셨다고 말씀합니다. 시험에서 통과한 것이죠. 이 사건을 통해 아브라함은 다시 한 번 축복의 약속을 얻습니다. 천하 만민이 그의 자손을 통하여 복을 얻을 것이라고 약속합니다.

말씀을 지키는 것이 당장은 손해 보는 것처럼 보일지 몰라도 결국 자신을 지키고 가족을 지켜줄 것입니다. 잠깐 손해를 보더라도 신뢰를 얻고 사람을 얻는다면, 결국에는 모든 것을 얻은 것입니다. 특별히 하나님을 약속의 말씀을 얻었다면, 그것은 평생 남는 장사를 한 셈입니다.

홀로서기 하는 일은 결코 쉽지 않습니다. 자신과 공동체의 삶을 책임지고 살아가는 것은 정말 힘든 일입니다. 중요한 것은 기준과 원칙, 그리고 하나님과의 관계입니다. 말씀을 따라가고 약속을 따라가십시오. 그 약속이 이루어지는 날, 큰 기쁨이 있을 것입니다.

아브라함의 삶을 보면, 한 남자가 어떻게 홀로서기를 해나가는지 깨닫게 합니다. 아버지를 의지했던 삶에서 하나님을 의지하는 삶으로, 누군가가 책임져 주기를 바라는 삶에서 스스로 결정하며 책임지는 삶으로, 자기만을 위한 삶에서 가족과 신앙의 공동체를 위한 삶으로 바뀌어 갑니다. 하나님은 남자를 이렇게 조금씩 변화시켜 나가십니다. 하나님께서 다듬어 놓은 남자에게 이런 멋진 모습이 있습니다.

남자, 홀로서기를 시작하다

남자의 인생은 홀로서기로부터 시작됩니다. 누구를 의지하기보다는 하나님의 부르심에 자신을 내려놓음으로써 살아가는 것입니다.

물론 외롭고 두려운 여정입니다. 하지만 그 가운데 부어 주시는 하나님의 은혜와 축복이 있습니다. 그 길을 걸어가는 당신은 행복한 사람입니다.

1 아버지의 품을 떠나라

남자에게 아버지의 존재는 절대적입니다. 아버지를 보고 인생을 배우고 삶을 살아가는 지혜를 얻습니다. 말과 행동, 삶의 방향까지 많은 영향을 받습니다. 하지만 아버지의 품을 떠날 때서야 비로소 남자의 인생은 시작됩니다. 자신의 삶을 살아가는 것이죠.

2 홀로섰다면 말씀을 따라가라

홀로섰다고 마음대로 사는 것은 아닙니다. 불확실한 삶을 살아갈 때 변하지 않고는 영원한 삶의 기준이 필요합니다. 바로 '말씀'입니다. 하나님의 말씀은 남자의 인생에 디딤돌이자 버팀목입니다. 말씀의 따라 사는 삶은 남자를 더욱 단단하게 만듭니다.

3 무엇보다도 예배가 소중하다

홀로섰다고 마음대로 사는 것은 아닙니다. 불확실한 삶을 살아갈 때 변하지 않는 영원한 삶의 기준이 필요합니다. 바로 '말씀'입니다. 하나님의 말씀은 남자의 인생에 디딤돌이자 버팀목입니다. 말씀의 따라 사는 삶은 남자를 더욱 단단하게 만듭니다.

4 하나님의 약속을 끝까지 붙잡아라

작은 것을 이루었다고 해서 남자의 인생이 성공한 것은 아닙니다. 얻었다가 잃을 수도 있고, 반대로 잃었다가 다시 찾을 수도 있습니다. 하나님의 신실하심을 믿는다면 그분의 약속을 기억해야 합니다. 남자의 인생은 마지막 순간, 하나님 앞에서 평가됩니다.

5 인생의 꼼수를 쓰지 마라

어려운 상황이 찾아왔다고 해서 인간적인 방법을 사용해서는 안 됩니다. 쉽게 가는 길은 세상의 길입니다. 좁더라도 힘들게 넘어가는 길이 신실한 믿음의 길입니다.

6 가장 사랑하는 것을 내려놓아라

때로는 포기해야 할 순간이 찾아옵니다. 가장 소중하게 여겼던 그 무엇 때문에 하나님으로부터 멀어질 수 있습니다. 그것까지 내려놓을 수 있다면 남자의 인생은 하나님의 축복으로 가득할 것입니다.

02 남자,
영웅을 꿈꾸다

창세기 26:12-25

12 이삭이 그 땅에서 농사하여 그 해에 백 배나 얻었고 여호와께서 복을 주시므로
13 그 사람이 창대하고 왕성하여 마침내 거부가 되어
14 양과 소가 떼를 이루고 종이 심히 많으므로 블레셋 사람이 그를 시기하여
15 그 아버지 아브라함 때에 그 아버지의 종들이 판 모든 우물을 막고 흙으로 메웠더라
16 아비멜렉이 이삭에게 이르되 네가 우리보다 크게 강성한즉 우리를 떠나라
17 이삭이 그 곳을 떠나 그랄 골짜기에 장막을 치고 거기 거류하며
18 그 아버지 아브라함 때에 팠던 우물들을 다시 팠으니 이는 아브라함이 죽은 후에 블레셋 사람이 그 우물들을 메웠음이라 이삭이 그 우물들의 이름을 그의 아버지가 부르던 이름으로 불렀더라
19 이삭의 종들이 골짜기를 파서 샘 근원을 얻었더니
20 그랄 목자들이 이삭의 목자와 다투어 이르되 이 물은 우리의 것이라 하매 이삭이 그 다툼으로 말미암아 그 우물 이름을 에섹이라 하였으며
21 또 다른 우물을 팠더니 그들이 또 다투므로 그 이름을 싯나라 하였으며
22 이삭이 거기서 옮겨 다른 우물을 팠더니 그들이 다투지 아니하였으므로 그 이름을 르호봇이라 하여 이르되 이제는 여호와께서 우리를 위하여 넓게 하셨으니 이 땅에서 우리가 번성하리로다 하였더라
23 이삭이 거기서부터 브엘세바로 올라갔더니
24 그 밤에 여호와께서 그에게 나타나 이르시되 나는 네 아버지 아브라함의 하나님이니 두려워하지 말라 내 종 아브라함을 위하여 내가 너와 함께 있어 네게 복을 주어 네 자손이 번성하게 하리라 하신지라
25 이삭이 그 곳에 제단을 쌓고, 여호와의 이름을 부르며 거기 장막을 쳤더니 이삭의 종들이 거기서도 우물을 팠더

남자,
축복의 우물을
나누는 사람

야곱

성경은 축복에 대해서 어떻게 말할까요? 영적인 축복을 이야기 하지만, 그와 동시에 물질적인 축복도 함께 이야기합니다. 하나님 께 받는 축복의 하나로 물질을 언급합니다. 그리고 물질을 주신 이 유에 대해서도 함께 말하지요. 바로 필요에 따라 나누라는 것입니 다. 성경은 혼자서 배불리 먹고 즐기려고 하는 사람들을 책망합니 다. 자신의 창고에 양식을 가득 쌓아두고 배불리 지내려던 부자처 럼 말이지요. 축복은 홀로 쌓아두는 것이 아니라 나눔으로 완성됩 니다.

아브라함, 이삭, 야곱에 말씀하신 축복의 근원, 축복의 통로가 되는 삶이 무엇일까요? 바로 타인을 잘 살게 해주는, 다시 말하면 다른 사람을 성공시켜 주는 인생이 되라는 것입니다. 남자는 그런 존재입니다. 자기만족과 행복을 위해 살기보다 누군가의 행복과 성공을 위해 함께 살아 주는 사람, 그런 남자가 진정한 남자입니다. 야곱의 삶에서 축복의 인생을 깨닫게 됩니다.

축복을 누리며 나누는 사람

창세기에는 네 명의 족장들이 등장합니다. 아브라함, 이삭, 야곱, 요셉입니다. 그들 중에 아브라함은 12장, 야곱은 9장, 요셉은 14장의 분량을 차지하지만, 이삭의 이야기는 4장밖에 되지 않습니다.

이삭은 비중이 조금 적은 인물입니다. 그중에서도 모리아 산에서 아버지 아브라함이 자신을 바치려 한 이야기와 두 아들, 야곱과 에서를 축복한 이야기를 제외하면, 이삭만 집중적으로 다룬 부분은 26장이 유일합니다. 성경은 이삭의 삶을 크게 주목하지 않은 듯 보입니다.

그러나 이삭에게도 중요한 역할이 있습니다. 그것은 바로 축복을 나누는 사명을 감당하는 것입니다. 먼저는 주변 민족에게, 그다음은 자녀들에게 하나님의 축복을 전달하는 일입니다.

이삭을 통해서 볼 때 남자는 자신을 위해 살아가는 존재가 아니라 함께 잘되기를 꿈꾸며 타인을 위해 살아가는 존재입니다. 자신에게 있는 것을 나눠주면서도 행복할 수 있는 사람입니다. 그런 남자는 존재만으로도 아름다울 것입니다.

창 26:4 네 자손을 하늘의 별과 같이 번성하게 하며 이 모든 땅을 네 자손에게 주리니 네 자손으로 말미암아 천하 만민이 복을 받으리라.

이삭의 첫 번째 임무는 축복을 나누는 일입니다. 하나님은 아브라함과 이삭에게 '세상 모든 민족이 너희를 통하여 복을 얻을 것이다. 너희는 축복의 근원, 축복의 통로가 될 것이다.'라고 약속하셨습니다.

하나님은 "너희들도 축복 아래 살아야 하지만 너희를 통해서 다른 사람들이 그 축복을 누리고 살 것"이라고 말씀합니다. 그리스도인은 혼자 성공하는 사람이 아닙니다. 혼자서 행복해 하며 살아가는 사람들이 아닙니다.

그리스도인들의 행복과 성공은 자신으로부터 오는 것이 아니라 타인으로부터 오는 것이며, 타인과 함께할 때 나눔으로 얻는 것입니다. 나로 인해 누군가의 삶이 더 나아진다면 그리고 그것을 행복으로 누린다면 그리스도인으로서 축복된 삶을 사는 것입니다. 즉,

그리스도인은 다른 사람을 성공시켜 주는 사람입니다.

　김동호 목사님은 〈깨끗한 부자〉에서 '물질'을 '은사'로 이해했습니다. 하나님이 주시는 선물이죠. 거저 받았으니 거저 주는 것입니다. 중요한 것은 '누가 얼마를 받았느냐'가 아니라 '그것을 얼마나 잘 활용했느냐'입니다. 받은 물질로 얼마나 많은 사람들을 살리고 행복하게 했는지, 다시 말하면 누구를 위해서 사용했는지가 중요한 것입니다. 나중에 주인의 결산이 있습니다.

　자신이 받은 축복을 나눠 주는 삶은 굉장히 존귀합니다. 하지만 나눔을 위해서 전제되어야 할 것이 있습니다. 바로 '관계'입니다.
　축복의 전달자에게 중요한 것은 함께하는 능력입니다. 이웃과 연결되어 있고 지역 공동체와 연결되어 있지 않으면 아무리 좋은 것을 가지고 있다 할지라도 나눔의 삶을 살 수 없습니다.
　축복의 연결자, 행복의 전달자의 삶은 자신이 받은 것을 흘려보내는 일입니다. 축복을 내가 만들어 낼 수 없지만, 내 안에 있는 것을 머물게 하지 않고 흘려보내는 삶입니다. 나눔을 위해서 소통의 삶이 중요하겠죠.

우물가에서 배우자를 만나다

우물은 지금이나 오래전이나 사람들이 살아가는데 있어서 꼭 필요한 것이죠. 중동지역과 같은 건조 기후 지역에서 우물을 나눠 주는 것은 곧 생명을 나누는 것과 같습니다. 이삭의 인생은 이러한 '우물'을 중심으로 이루어집니다. 이삭에게서 우물을 빼면 그의 삶을 설명할 수 없습니다.

우물에 관한 첫 번째 이야기는 그의 아내 리브가를 선택하는 장면에서 이루어집니다. 창세기 24장에서 아버지 아브라함의 늙은 종이 이삭의 아내를 얻으려고 메소포타미아로 가는 장면이 나옵니다. 낙타 열 마리에 결혼 예물을 싣고 먼 길을 떠납니다.

넓은 도시에서 어떻게 신부를 찾을 수 있을까요? 모래사장에서 동전을 찾는 것과 같이 쉽지 않습니다. 늙은 종은 고민하다가 하나님께 기도를 드립니다.

"하나님, 제가 우물가에서 어떤 여인에게 물을 달라고 할 겁니다. 그런데 나에게 물을 주고 또 내 낙타에게도 물을 주는 여인을 신부로 부르신 줄 알겠습니다."

기도를 마치자 한 여인이 우물에서 물을 길러 올라옵니다. 늙은 종은 그 여인에게 말을 겁니다.

24:16 그 소녀는 보기에 심히 아리땁고 지금까지 남자가 가까이 하지 아니한 처녀더라. 그가 우물로 내려가서 물을 그 물동이에 채워 가지고 올라오는지라 17 종이 마주 달려가서 이르되 청하건대 네 물동이의 물을 내게 조금 마시게 하라. 18 그가 이르되 내 주여 마시소서 하며 급히 그 물동이를 손에 내려 마시게 하고 19 마시게 하기를 다하고 이르되 당신의 낙타를 위하여서도 물을 길어 그것들도 배불리 마시게 하리이다 하고 20 급히 물동이의 물을 구유에 붓고 다시 길으려고 우물로 달려가서 모든 낙타를 위하여 긷는지라.

늙은 종이 물을 달라고 하자, 그녀는 급히 물동이를 내려 물을 줍니다. 그리고 "당신의 낙타에도 물을 주겠습니다."라고 말합니다. 기도가 응답되는 순간입니다.

그런데 늙은 종이 가져간 낙타가 열 마리에요. 낙타 한 마리가 몇 리터의 물을 마실까요? 못해도 5-10리터의 물을 마십니다. 그럼 50~100리터의 물을 길러야 해요.

당시에 물동이가 아무리 커도 당시에 3리터를 넘기지 않았을 거예요. 그럼 적어도 20~40번 정도의 물을 길러 날라야 합니다. 중동지역은 건조지역이라 우물의 깊이도 상당했으리라 추측됩니다. 낙타에게까지 물을 마시게 하려면 상당히 고된 노동이 필요합니다. 이를 통해 볼 때, 리브가는 건강한 여자임을 알 수 있어요. 또

한 마음까지 아름다웠습니다.

아무튼 늙은 종은 리브가의 부모에게 결혼 승낙을 받고, 그녀를 가나안으로 데리고 옵니다. 리브가가 가나안으로 돌아올 때 이삭은 무엇을 하고 있었을까요? 이삭은 묵상을 하고 있었습니다. 자신의 아내가 언제 올지 마냥 기다리는 것만은 아닙니다.

창 24:62 그때에 이삭이 브엘라해로이에서 왔으니 그가 네게브 지역에 거주하였음이라. 63 이삭이 저물 때에 들에 나가 묵상하다가 눈을 들어 보매 낙타들이 오는지라.

이삭의 묵상이 자연스러워 보입니다. 저녁때에 들판에서 하루를 마무리하는 그는 하나님과 깊은 관계 안에 머물러 있음을 보여줍니다. 묵상은 신앙의 좋은 습관입니다. 하루를 정리하면서 하나님 앞에 겸손히 서 있는 훈련은 스스로를 돌아보는 믿음의 성숙한 자세입니다. 성장을 위해서 중요한 것이 바로 '자세'입니다. 하나님을 대하는 자세, 자기 자신을 대하는 자세가 영적 성숙을 가져옵니다.

이삭이 묵상하는 장소가 어디인가요? 바로 우물가입니다. 이삭이 리브가를 기다리며 묵상했던 장소는 브엘라해로이입니다. 우물가는 이삭이 영적으로 충전하는 공간이자, 새로운 삶을 꿈꾸는 장소였습니다. 그는 우물가에서 모든 것을 하나님께 맡기는 삶의 자세를 연습하고 있습니다.

브엘라해로이, 축복이 머무는 우물

브엘라해로이는 창세기 16장에 나오는 샘입니다. 하갈이 발견한 샘이죠. 이름의 뜻은 '나를 살피시는 살아 계신 이의 우물'입니다. 광야 한가운데서 만난 하나님, 그녀의 삶을 지키시고 인도하시는 살아계신 하나님을 경험한 장소입니다.

하갈은 그의 여주인, 아브라함의 아내 사라를 대신하여 임신합니다. 사라가 오랫동안 출산하지 못하자, 하갈이 대신하여 임신하게 됩니다. 아이를 갖고 난 뒤에 하갈은 태도가 달라집니다. 사라를 업신여기죠.
이 사실을 알게 된 아브라함은 결국 하갈을 광야로 쫓아냅니다. 임신한 채 광야로 쫓겨난 하갈은 아마 눈물로 하나님을 찾았을 것입니다.

이에 하나님은 여호와의 사자를 보내 하갈을 위로합니다. 그리고 우물 하나를 발견하게 하는데, 그 우물이 브엘라해로이입니다.

하나님께서는 하갈의 고통을 아셨고 그녀가 부르짖는 기도를 들으셨습니다. 그녀는 애굽 사람이지만 하나님은 그녀를 돌보셨습니다. 약속의 아들이 아닌 인간적인 방법으로 얻은 이스마엘이지만, 하나님은 개의치 않고 돌보셨습니다. 브엘라해로이는 하나님께서 하갈을 돌보신다는 증표였습니다. 하나님의 도움이 있는, 즉 하나님의 축복이 머무는 샘입니다.

이삭도 브엘라해로이에 머물고 있습니다. 비록 어머니로부터 쫓겨난 하갈이 발견한 우물이지만, 이삭은 살아계신 하나님의 우물가에 머물러 있습니다. 묵상하며 하나님을 찾고 그곳에서 믿음으로 아내를 기다립니다.

25:11 아브라함이 죽은 후에 하나님이 그의 아들 이삭에게 복을 주셨고 이삭은 브엘라해로이 근처에 거주하였더라.

브엘라해로이는 하나님의 축복이 머무는 곳이라 볼 수 있습니다. 하나님께서는 광야 한가운데서 우리에게 생명의 우물, 브앨라

헤로이를 준비하고 계십니다. 우리를 감찰하시고 도우시는 하나님의 축복의 우물이 준비되어 있습니다.

하나님의 우물가에 머무는 인생은 풍성함이 있습니다. 누구라도 와서 피곤을 녹이며 쉬었다 갈 수 있는 넉넉한 곳입니다. 새로운 삶을 시작하는 남자에게, 삶을 충전하고 휴식을 필요로 하는 남자에게 이삭과 같은 브엘라해로이가 필요합니다. 하나님의 축복으로 새롭게 출발하는 장소가 필요합니다.

애굽의 강물을 쫓지 말라

리브가와 결혼 하고 한참 뒤에 이삭이 머물고 있는 땅에 흉년이 찾아옵니다. 더 이상 그곳에서 살지 못하게 되죠. 이삭은 어디로 가야 할지를 놓고 고민합니다.

창세기 12장에서 아버지 때에도 흉년이 들었는데, 아브라함은 애굽으로 이사를 갔습니다. 그래서 이삭도 애굽을 내려가야 할지 고민합니다. 애굽은 나일 강으로 인해 물이 풍부했고, 살기 좋은 곳이었습니다. 하지만 하나님은 이삭에게 애굽으로 내려가지 말라고 경고합니다.

하나님은 왜 애굽으로 내려가지 말라고 했을까요? 하나님께서 아브라함과 이삭에게 약속하신 땅은 '애굽'이 아니라 '가나안'이기 때문입니다.

애굽은 풍요의 땅입니다. 아브라함과 이삭 시대에도 애굽은 풍성한 곳이었습니다. 도시가 있었고 농사가 잘 되었고 사람들에게 성공을 안겨 주는 풍요의 땅이었습니다.

창세기 13장 10절에 아브라함과 조카 롯이 거주할 곳을 선택할 때에 소돔과 고모라지역을 이렇게 설명합니다. "여호와의 동산 같고 애굽 땅과 같았더라."

하나님의 동산 같고 애굽 같았더라

애굽의 풍성함을 하나님의 동산으로 비유하고 있습니다. 나일강으로 인해 그 땅의 풍요로웠습니다. 그래서 그 땅 사람들은 나일강을 신으로 생각했습니다. 애굽은 풍요의 땅이지만 너무 가진 것이 많아서 하나님을 바라보지 않아도 먹고 살수 있는 곳입니다. 하지만 가나안은 물이 없어서 하늘을 쳐다보지 않고는 살수 없는 곳입니다. 하나님을 의지하지 않고는 살수 없는 땅입니다. 어디가 축복의 땅인가요? 하나님을 바라볼 수 있는 작은 우물가가 축복의 장소입니다. 주변의 환경이 너무 좋아 하나님을 찾지 않는다면 그곳은 오히려 저주의 땅인지도 모릅니다.

하나님은 이삭에게 애굽으로 가지 말라고 말씀합니다.

"애굽으로 가지 말고 내가 네게 지시할 땅으로 가라. 물이 많은 곳이 아니라 물이 적은 곳으로 가라. 풍요로운 곳으로 가지 말고 척박한 곳으로 가라. 강으로 가지 말고 우물로 가라."

이것이 남자의 선택입니다. 불편한 곳, 힘든 곳, 남들이 가지 않는 그곳으로 믿음을 가지고 담대히 나아가는 것이 남자의 길입니다. 하나님의 축복과 은혜를 누리며 사는 것이 남자의 인생입니다. 물이 없어도 그 물을 주시는 하나님을 바라볼 수 있는 남자, 그런 남자가 축복의 사람입니다.

이와 비슷한 사건이 룻기 1장에도 등장합니다. 이스라엘 땅에 흉년이 찾아와 먹을 것이 떨어졌을 때 나오미의 가족은 모압 땅으로 이동합니다. 그곳에 먹을 것이 있다 하여 갔는데, 10년 동안 모압에서 살면서 나오미는 모든 것을 잃습니다. 남편과 아들 두 명을 잃고, 가진 것을 다 잃게 됩니다. 풍요를 쫓았지만 남는 것은 두 며느리와 빈곤뿐이었습니다.

하나님은 이삭에서 가나안에 머물라고 하면서 약속의 말씀을 합니다.

26:3 이 땅에 거류하면 내가 너와 함께 있어 네게 복을 주고 내가 이 모든 땅을 너와 내 자손에게 주리라. 내가 네 아버지 아브라함에게 맹세한 것을 이루어 4 네 자손을 하늘의 별과 같이 번성하게 하며 이 모든 땅을 네 자손에게 주리니 네 자손으로 말미암아 천하 만민이 복을 받으리라.

이것은 아버지 아브라함에게 약속한 내용을 이삭에게 동일하게 말씀합니다. 땅을 주시고 자손을 주고 천하 만민의 축복의 통로가 될 것이라고 말씀합니다. 하지만 전제 조건이 하나 있습니다. 바로 이 땅에 머무는 것입니다. 하나님의 은혜 안에 거주하는 삶, 하나님을 바라보는 그 땅에 머무는 삶. 이것이 바로 남자의 인생입니다.

작은 우물에 인생을 걸지 마라

이삭은 지금 블레셋 지역 그랄에 머물러 있습니다. 블레셋과 아브라함의 관계는 좋지 않습니다. 과거 아브라함이 그랄 땅에 머물면서 그랄 왕 아비멜렉에게 거짓말을 했기 때문입니다. 그 거짓말은 다름 아닌 아내 사라를 누이라고 속이고 아비멜렉과 결혼시킨 것입니다. 다행히 하나님의 도우심으로 사라는 아브라함에게 돌아가지만, 이 일로 아비멜렉의 집은 큰 곤경에 빠질 뻔하게 됩니다.

이삭은 아버지의 일로 그랄 사람들에게 환영을 받지 못했습니다. 그런데 이삭도 아버지 아브라함처럼 똑같이 아내 리브가를 누이라고 속입니다.

부전자전일까요! 사실 사라와 리브가가 사촌관계이기에 누이가 맞습니다. 하지만 결혼한 아내를 결혼하지 않은 것처럼 의도적으로 속인 것은 명백한 잘못입니다. 아브라함과 이삭이 똑같이 아내를 속인 일로, 그랄 사람과의 관계는 완전히 틀어지게 됩니다.

26:15 그 아버지 아브라함 때에 그 아버지의 종들이 판 모든 우물을 막고 흙으로 메웠더라.

두 가문의 사이가 얼마나 좋지 않았는지 알 수 있는 구절입니다. 하지만 중요한 것은 이삭이 그 땅을 떠나지 않았다는 것입니다. 사람들로부터 환영은 받지 못했지만 우물을 빼앗기고 싸움이 일어났지만, 그 땅을 떠나지 않았습니다.

이삭의 인내심과 끈기에 박수를 보내고 싶습니다. 왜 떠나지 않았을까요? 그 이유는 그곳이 하나님의 축복이 머무는 곳이자, 하나님의 약속이 있는 장소이기 때문입니다.

그 후로 하나님은 이삭을 축복하십니다. 26:12절을 보면 이삭이 농사를 지어 그해에 100배의 축복을 받습니다. 놀라운 일이죠.

이삭의 직업은 농부가 아닙니다. 목축업입니다. 양과 염소를 키우는 것이 가족의 전통인데, 익숙하지 않은 농사일을 시작했는데도 불구하고 100배나 되는 축복을 받았다는 것은 놀라운 사건입니다.

그리고 거부(巨富)가 되었다고 성경은 기록합니다. 주변 사람들의 시기를 받을 만큼 부자가 된 것이죠.

성경은 부에 대해서 여러 가지 입장을 가집니다. 구약에서는 분명히 물질과 자손은 하나님의 축복을 의미합니다. 신약에서는 산상수훈으로 대표되는 팔복은 물질의 복을 넘어서는 축복을 이야기합니다. 중요한 것은 축복이 하나님의 소관이라는 사실입니다. 중요한 것은 성경의 관점이 '하나님이 주신 축복을 나누라'는 데 있습니다.

이삭이 부자가 되자 주변 사람들이 그를 시기하고 그에게서 우물을 빼앗습니다. 이상한 것은 이삭이 군말 없이 물러났고, 조금 멀리 떠나 아버지가 팠던 우물을 다시 팝니다.

그런데 블레셋 사람들은 그 우물도 자기 것이라며 다시 달라고 합니다. 이때, 이삭이 어떻게 하나요? 그냥 줘 버립니다.

그리고 또 우물을 팝니다. 그런데 블레셋 사람들은 그 우물을 또 달라고 합니다. 이삭은 또 줍니다. 그리고 또 다시 우물을 팝니다. 그렇게 몇 번을 반복하고 나서야 다투지 않게 됩니다.

여기에 몇 가지 깨달음이 있습니다. 하나는 우물을 팔 때마다 물이 나왔다는 것입니다. 이것을 어떻게 설명할까요? 이삭이 풍수지리를 잘 알아서일까요? 물자리를 잘 찾아서일까요?

이것은 하나님이 함께하신다는 증거입니다. 그랄 사람들이 파도 나오지 않았던 우물인데, 아브라함과 이삭이 파면 나왔다는 것입니다.

또 한 가지는 이삭이 그것을 나눴다는 것입니다. 하나님의 축복을 혼자서 누리지 않았다는 점입니다. 그는 졸부(猝富)가 아니었습니다. 나눔을 아는 사람이었습니다. 작은 우물에 목숨을 걸지 않았습니다. 한두 개의 우물에 매달리지 않았습니다. 그것을 지키고자 다툼으로 시간을 보내지 않습니다. 작은 축복과 성공에 안주하지도 않습니다. 오직 새로운 우물을 향해 나아갑니다.

그리고 26:23절에 보면, 그가 브엘세바까지 올라갔다고 합니다. '브엘'은 '우물'이란 뜻이고, '세바'는 '숫자 일곱'을 의미합니다. '브엘세바'는 '일곱 개의 우물'이란 뜻입니다.

무슨 말인가요? 이제는 우물 하나둘이 아니라 일곱 개나 되는 넓은 땅과 축복을 누렸다는 뜻입니다. 작은 것을 나누자 더 큰 것을 얻게 되었습니다.

적에게서 축복을 받다

창세기 26:28 그들이 이르되 여호와께서 너와 함께 계심을 우리가 분명히 보았으므로 우리의 사이, 곧 우리와 너 사이에 맹세하여 너와 계약을 맺으리라 말하였노라. **29** 너는 우리를 해하지 말라. 이는 우리가 너를 범하지 아니하고 선한 일만 네게 행하여 네가 평안히 가게 하였음이니라. 이제 너는 여호와께 복을 받은 자니라.

하나님이 이삭에게 축복을 허락하신 이유가 있습니다. 그것은 바로 하나님의 존재를 드러내기 위함입니다. 이 모든 과정을 지켜보던 그랄 사람. 블레셋 사람들이 이삭을 찾아와 언약을 맺자고 합니다. 서로 싸우지 말자고 제안한 것입니다. 그러면서 이삭을 향하여 "여호와께서 너와 함께 하신다. 너는 여호와의 축복을 받은 사람이다."고 고백합니다.

하나님을 알지 못하던 블레셋 사람들. 성경의 역사에서 끊임없이 이스라엘을 괴롭히던 그들이 먼저 하나님을 인정하고 이삭을 축복합니다. 하나님께서 이삭을 축복하신 이유가 바로 이것입니다. 농사가 잘되고 우물을 많이 얻게 된 모든 이유가 바로 하나님의 이름과 영광을 드러내라는 것입니다. 축복은 자신을 위한 것이 아니라 이웃과 나누는 것이고 궁극적으로는 하나님의 영광을 선포하기 위함입니다.

이삭의 축복받은 삶은 하나님께서 함께하신다는 증거입니다. 블레셋 사람들은 이삭을 바라보면서 하나님의 존재를 인식했습니다. 그들이 이삭을 주목합니다.

어떻게 해야 축복을 받을 수 있나? 어떻게 살아야 잘 살 수 있나? 이삭을 통해 그들은 하나님을 배웁니다. 이것이 남자의 모습입니다. 존재로 하나님을 증거하는 것입니다. 말로만 전하는 것이 아니라, 삶의 열매로 나타내는 것입니다.

남자는 하나님의 말씀 안에 거(居)하면서 하나님의 축복을 삶으로 드러내야 합니다. 지금 그 자리가 나를 환영해 주는 자리가 아닐지라도 인내해야 합니다.

그리고 하나님의 축복을 혼자 누리지 말고 나눠야 합니다. 이삭, 당신 때문에 우리가 광야에서 물을 얻었습니다. 당신 때문에 우리가 삽니다. 그런 고백처럼 하나님께 붙들려 있는 그 남자로 인해 주변이 살아나야 합니다.

우물은 하나님의 축복의 상징입니다. 하나님의 우물은 우리의 육체의 갈급함 뿐 아니라 더 나아가 우리의 영적인 갈급함까지 채워 줍니다.

남자가 진정으로 파야 하는 우물은 바로 영적인 축복의 우물입니다. 생명의 우물입니다. 그 우물로 인해 삶의 주변을 아름다운 초장으로 가꾸어야 합니다. 그 초장에서 함께 행복을 나누며 살아가야 합니다. 그래서 남자는 축복을 나누는 사람입니다.

남자, 축복의 우물을 나누는 사람

이삭의 인생은 축복으로 가득 찬 인생이었습니다. 하지만 그는 복을 좇는 삶을 살지 않았습니다. 오히려 복이 따르는 인생을 살았습니다. 재물은 좇는다고 얻는 것이 아닙니다. 그것을 받을 만한 사람이 되는 것이 더욱 중요합니다. 또한 하나님께서 자신을 축복하신 이유를 알아야 합니다. 재물이 아니라 사람을 얻는 축복이 필요합니다.

1 축복을 목적으로 삼지 말라

하나님이 주시는 축복은 세상이 말하는 물질적 축복과는 다릅니다. 재물을 주시지만 그 이유가 혼자서 누리라는 의미가 아닙니다. 하나님은 축복의 통로가 되길 원하십니다. 그 사람의 존재로 인해 다른 사람들이 행복한 삶을 사는 것입니다. 이것이 남자의 인생입니다.

2 축복의 장소에 머물러라

이삭은 우물가에서 머무르며, 그곳에서 묵상하고 기도합니다. 그리고 하나님이 주실 축복을 기다립니다. 무엇을 행하기 전에 하나님의 은혜를 구하는 것이 필요합니다. 하나님의 도우심이 있는 장소에 머무르는 것이 지혜입니다. 그곳에서부터 인생을 출발해야 합니다.

3 애굽의 부요(富饒)함을 좇지 말라

기근이 찾아와 먹을 것이 없었지만, 이삭은 애굽으로 장소를 옮기지 않습니다. 물이 풍부하고 먹을 것이 많은 곳으로 가지 않고 하나님의 약속이 있는 장소에 머물렀습니다. 눈앞에 모이는 이익을 따르지 않고 영원하신 말씀을 붙잡는 인생이 축복된 인생입니다.

4 작은 우물에 인생을 걸지 말라

이삭은 농사도 잘되고, 파는 우물마다 물이 가득했습니다. 이로 인해 그는
주변 사람들에게서 시기와 질투를 받습니다. 하지만 이삭의 진가는 이때
부터 발휘됩니다. 사람들이 우물을 달라고 할 때 움켜잡지 않고 거저 줍니
다. 나누기 시작할 때 그는 더 많은 우물들을 얻게 됩니다.

5 적군에게서 축복을 받아라

이삭은 물질만 얻은 것이 아니라 사람들의 마음을 얻었습니다. 적군들에
게까지 칭찬과 인정을 받게 됩니다. 자신을 반대하는 사람들로부터 신뢰
를 얻는다면 모든 것을 얻은 것입니다. 물질 대신 사람을 얻는 축복을 누
리시길 바랍니다.

03

남자,
영웅을 꿈꾸다

출애굽기 3:1-12

1 모세가 그의 장인 미디안 제사장 이드로의 양 떼를 치더니 그 떼를 광야
서쪽으로 인도하여 하나님의 산 호렙에 이르매

2 여호와의 사자가 떨기나무 가운데로부터 나오는 불꽃 안에서 그에게
나타나시니라 그가 보니 떨기나무에 불이 붙었으나 그 떨기나무가 사라지지
아니하는지라

3 이에 모세가 이르되 내가 돌이켜 가서 이 큰 광경을 보리라 떨기나무가
어찌하여 타지 아니하는고 하니 그 때에

4 여호와께서 그가 보려고 돌이켜 오는 것을 보신지라 하나님이 떨기나무
가운데서 그를 불러 이르시되 모세야 모세야 하시매 그가 이르되 내가 여기
있나이다

5 하나님이 이르시되 이리로 가까이 오지 말라 네가 선 곳은 거룩한 땅이니 네
발에서 신을 벗으라

6 또 이르시되 나는 네 조상의 하나님이니 아브라함의 하나님, 이삭의 하나님,
야곱의 하나님이니라 모세가 하나님 뵈옵기를 두려워하여 얼굴을 가리매

7 여호와께서 이르시되 내가 애굽에 있는 내 백성의 고통을 분명히 보고
그들이 그들의 감독자로 말미암아 부르짖음을 듣고 그 근심을 알고

8 내가 내려가서 그들을 애굽인의 손에서 건져내고 그들을 그 땅에서 인도하여
아름답고 광대한 땅, 젖과 꿀이 흐르는 땅 곧 가나안 족속, 헷 족속, 아모리
족속, 브리스 족속, 히위 족속, 여부스 족속의 지방에 데려가려 하노라

9 이제 가라 이스라엘 자손의 부르짖음이 내게 달하고 애굽 사람이 그들을
괴롭히는 학대도 내가 보았으니

10 이제 내가 너를 바로에게 보내어 너에게 내 백성 이스라엘 자손을 애굽에서
인도하여 내게 하리라

11 모세가 하나님께 아뢰되 내가 누구이기에 바로에게 가며 이스라엘 자손을
애굽에서 인도하여 내리이까

12 하나님이 이르시되 내가 반드시 너와 함께 있으리라 네가 그 백성을
애굽에서 인도하여 낸 후에 너희가 이 산에서 하나님을 섬기리니 이것이 내가
너를 보낸 증거니라

남자,
발에서 신을
벗는 사람

모세

비전과 꿈은 그 의미가 조금 다릅니다. 꿈은 내가 되고 싶은 것, 부모가 원하는 것, 사회가 만들어 놓은 목표입니다. 다시 말하면, 사람들이 바라고 원하는 이상입니다.

사람들은 꿈을 꾸고 그 꿈이 자신을 이끌고 간다고 생각합니다. 자신의 꿈을 이루면 기뻐하지만, 꿈에서 멀어질수록 허탈해 합니다. 아니, 그 꿈을 이루고도 허무해합니다.

자신의 인생을 바쳤지만 그것이 아무것도 아니었음을 발견할 때 뒤늦은 후회를 하기도 합니다. 꿈은 인간의 욕망의 투영인 동시에 또 하나의 우상입니다.

하지만 비전은 나의 욕망이 아니라 하나님의 계획입니다. 사람의 영역이 아니라 하나님께 속한 영역입니다. 하나님이 계획하신 것, 하나님이 깨닫게 하시는 것, 하나님께서 우리를 통해서 이루고 싶어 하시는 것, 그것이 바로 비전입니다.

다시 말하자면, 비전은 우리를 향한 하나님의 계획입니다. 하나님의 계획은 개인을 향하기도하고 공동체를 향하기도 합니다. 분명한 것은 이 세상에서 꿈꾸시는 하나님의 뜻이 있다는 사실입니다.

비전은 완성된 어떤 상태와 모습이 아니라, 우리의 일생을 통하여 조금씩 발견하고 이루어 나아가는 과정입니다. 인생의 마지막 순간에야 비로소 깨닫게 되죠. 그렇기에 비전은 하나님 나라의 역사에 동참하는 모든 삶의 존재입니다.

하나님께서 사용하시는 조건

모세는 하나님을 만나고 나서야 자신이 누구인지 깨닫게 되었습니다. 어떠한 인생을 살아야 할지를 깨닫게 되는 그때, 그의 나이는 팔십이었습니다. 삶의 마지막을 준비해야 하는 뒤늦은 시기에 모세는 하나님 앞에서 자신의 비전을 깨닫게 됩니다.

꿈이라면 이미 이루어야했을 나이입니다. 목표라면 완수해야 했을 나이입니다. 하지만 비전은 하나님의 부르심에 순종하며 그 앞에서 살아가는 모든 삶이기에 나이는 크게 문제가 되지 않습니다. 오히려 나이를 먹을수록 하나님의 비전에 더 가까이 다가서게 되는 것이죠.

출 3:10 이제 내가 너를 바로에게 보내어 너에게 내 백성 이스라엘 자손을 애굽에서 인도하여 내게 하리라.

모세를 향한 하나님의 비전은 이스라엘 백성을 애굽에서 인도하여 가나안으로 데리고 가는 것입니다. 그동안 자신을 위해 살아왔다면, 지금부터는 하나님을 당신을 위해 살라고 말씀합니다.

비전은 자신을 향하지 않습니다. 비전의 방향은 자기 내부가 아니라 늘 나를 넘어서 외부를 지향합니다. 그러기에 비전은 하나님을 위한 일인 동시에 누군가를 위한 일입니다.

하나님은 모세가 애굽의 왕자로 있었던 젊은 나이에 그에게 비전을 주신 것이 아닙니다. 가장 왕성하게 활동하고 있을 때 인생의 전성기에서 그를 부르지 않았습니다. 삶의 모든 희망을 잃어버리고 나이도 많아 아무런 목표를 가지지 못하던 그때에 모세를 찾아오십니다.

왜 그랬을까요? 비전은 사람의 힘으로 이룰 수 있는 일이 아니기 때문입니다.

백성들을 출애굽 시키는 일이 모세의 힘으로 되는 일이 아닙니다. 하나님은 모세의 모든 힘이 다 빠진 그때에 사용하십니다. 팔십이 되어 스스로는 아무것도 할 수 없다고 고백하는 그 순간 사용하십니다. 자신을 내려놓는 그 순간, 하나님께서 일하십니다. 하나님께 쓰임 받는 조건은 먼저 우리 삶에서 내 힘을 빼는 것입니다. 딱딱하고 완고한 막대기가 아니라 부드럽고 연한 새싹과 같은 마음이 필요합니다. 내 힘과 의지를 내려놓는 순간부터 하나님은 우리를 통하여 일하시기 시작합니다.

우리 안에 굳어 있는 익숙한 습관과 삶의 패턴을 내려놓고 힘을 빼고 있을 때 새로움은 시작됩니다. 변화는 내가 일으키는 것이 아니라 그분이 부어 주시는 하나님의 은혜에 자신을 맡기는 것입니다. 운동을 할 때도 온몸에 힘을 빼야 좋은 자세가 나오는 것처럼 자세가 좋아야 성장하고 건강해질 수 있습니다. 삶을 대하는 자세, 사람을 대하는 자세. 하나님을 향하는 믿음의 자세가 좋아야 성장할 수 있습니다.

삶의 감동이 있는 인생 스토리로 무장하라

모세의 삶은 순탄하지 않았습니다. 그에게는 남들이 없는 자신만의 스토리, 삶의 이야기가 있어요. 요즘 우리 사회가 요구하는 것은 스펙이 아니라 스토리입니다. 어떤 삶의 이야기를 가지고 있느냐? 어떤 삶을 살아왔느냐? 어려움을 어떻게 이겨 냈느냐? 자기만의 이야기가 있어야 합니다.

남들과 다른 인생의 스토리가 있는 사람이 누군가를 감동시킵니다. 가치 있는 이야기가 영향력을 발휘합니다.

사실 모세는 스펙도 좋습니다. 그는 이집트의 왕자였어요. 오래전 역사가들은 모세를 뛰어난 장군으로 설명합니다. 전쟁에 나가면 늘 앞장서서 싸웠던 용맹한 인물로 말합니다. 하지만 왕자와 장군의 스펙보다 그에게는 더 감동적인 스토리가 있습니다.

그는 태어나자마자 버려집니다. 당시 이집트 왕은 이스라엘 백성들이 많아지는 것을 두려워하여 태어나는 남자아이들을 나일 강에 버리라고 명령했습니다. 모세의 부모도 태어난 지 석 달밖에 되지 않은 모세를 나일 강에 바구니에 눈물을 담아 띄워 보냅니다. 강물에 버려진 아이가 모세입니다.

때마침 강가에서 목욕을 하던 이집트의 공주에게 발견된 모세는 그녀의 아들로 성장하게 됩니다. 그녀는 이집트 역사에서 악랄하기로 유명한 하셉수트 여왕이죠. 그녀는 투트모스 1세의 딸인데, 아버지가 죽고 동생이 죽자 스스로 여왕의 자리에 올라 모든 일가친척을 몰살합니다.

성경에서는 좋은 인물로 묘사되었지만, 이집트 역사에서는 무서운 여왕으로 기록되어 있죠. 모세가 계속 애굽의 왕자로 있었다면 이집트의 왕이 되었을지도 모릅니다.

모세는 애굽의 왕자로 40년을 살았습니다. 정치와 권력의 한복판에서 젊음을 보냈습니다. 하지만 모세는 이스라엘 백성을 때리는 애굽 병사를 죽인 후에 미디안 광야로 도망갑니다.

겉모습은 왕자였지만, 그는 자신이 이스라엘 백성임을 잘 알고 있었습니다. 자신의 정체성은 늘 히브리인이었습니다. 광야로 피신한 모세는 40년을 그곳에서 목동으로 살게 됩니다. 그는 화려했던 인생을 뒤로하고, 무명의 양치기로 고독과 좌절의 시간을 보냅니다. 이것이 그의 이야기입니다.

하나님께 쓰임 받은 사람들을 보면, 하나같이 광야의 시간이 있었습니다. 이스라엘 백성도 40년, 모세도 40년, 예수님도 40일 동안 광야의 시간을 보냈습니다. 광야의 훈련을 통해 하나님의 사람으로, 하나님의 백성들로 다듬어져 갑니다.

광야는 우리를 훈련시키는 하나님의 공간입니다. 광야는 장소적인 의미만 있는 것이 아니라 관계적인 공간이기도 합니다. 특별히 광야는 하나님과의 관계를 확인할 수 있는 공간입니다.

'광야'를 뜻하는 히브리어로 '미드바르'가 있습니다. '미'는 전치사 'with', 즉 '누구와 함께'입니다. '드바르'는 '다바르'라는 동사에서 왔는데, '다바르'는 '말하다'입니다. 즉 '미드바르'는 '누군가와 대화하다'라는 뜻을 가지고 있습니다. 즉 광야는 혼자 외롭게 있는 곳이 아니라, 하나님과 대화를 나누는 곳입니다.

광야는 하나님의 깊음을 발견하는 시간이며 자신을 바라볼 수 있는 공간입니다. 모세는 그 광야의 오랜 시간 끝자락에서 하나님을 만나게 됩니다. 그리고 자신의 비전을 깨닫게 됩니다.

하나님은 우리를 광야로 인도하십니다. 그곳으로 우리를 초청합니다. 어쩌면 우리를 초청하는 것이 아니라, 기다리고 계시는지도 모릅니다.

세상의 모든 소리에 귀를 닫고 오직 하나님의 말씀에 귀를 기울일 수 있는 그곳으로 우리를 부르십니다. 광야의 한 가운데서 하나님을 찾아가는 것이 우리의 인생입니다.

오늘날의 광야는 산속 오두막이 아니라 도시의 한복판인 줄 모릅니다. 수많은 사람들 속에 살아가지만, 정작 외로움과 절망 속에 시간을 보내는 우리입니다. 당신도 그렇다면 그곳이 바로 하나님을 만날 수 있는 장소입니다. 하나님과 대면하며 만날 수 있는 기회의 자리입니다.

모세의 인생에는 이러한 감동적인 스토리가 있습니다. 생사를 넘나드는 삶의 한복판에, 화려함과 고독함이 존재하는 삶의 여정의 마지막에 그분과의 놀라운 만남이 있습니다. 모세와 같은 인생 스토리처럼 강력한 메시지는 없습니다.

하나님을 만나는 것은 자신을 만나는 것

하나님을 만나는 것은 자신을 만나는 것입니다. 그리고 하나님을 아는 것은 곧 자신을 아는 것입니다. 우리는 하나님 앞에서 우리의 진정한 모습을 보게 됩니다.

전능하신 하나님 앞에 설 때, 자신은 한없이 무능한 존재라는 사실을 알게 됩니다. 거룩하신 하나님 앞에 나아갈 때 스스로가 죄인이고 연약한 존재임을 알게 됩니다. 하지만 그분 앞에서 우리 안에 감추어진 하나님의 그 형상, 하나님의 가능성을 보게 됩니다. 나를 이 땅에 보내신 하나님의 그 목적을 발견하게 됩니다. 하나님 앞에서만이 우리는 진정한 자신을 만날 수 있습니다.

누가복음 5장에 베드로가 주님을 만났을 때 했던 첫 고백은 이것이었습니다.

"주님 나를 떠나소서. 나는 죄인입니다."

그는 거룩하신 주님 앞에 섰을 때 자신이 비로소 죄인이라는 사실을 깨닫게 되었습니다.

성경에서 하나님을 만났을 때 사람들의 반응은 다들 비슷합니다. 모두 자신의 연약함을 고백합니다. 예레미야는 "나는 어린아이입니다."라고 고백하며, 바울은 "죄인 중에 죄수입니다."라고 고백합니다.

그래서 하나님을 만난 사람들은 겸손합니다. 자연의 웅장함 앞에 자신의 보잘 것 없음을 깨닫듯이, 하나님 앞에 서 있는 사람들은 머리 숙여 평생을 겸손하게 살아갑니다. 하나님을 만나는 것은 곧 자신을 만나는 것입니다. 그래서 신학은 곧 인간학이기도 합니다.

모세의 인생을 보면, 순탄한 길이 아니었습니다. 돌아가는 길이었습니다. 이스라엘 백성들도 가나안에 가는 과정이 순탄하지 않았습니다. 돌아가는 길이었습니다. 보름이면 갈 수 있는 거리를 40년이나 돌아갑니다. 그 과정에 수많은 사람들이 목숨을 잃습니다. 많은 전쟁과 예기치 못한 어려움을 겪기도 합니다. 하지만 돌아가는 길이 지름길일 수 있습니다. 돌아가는 길이 축복의 길일 수 있습니다.

〈내려놓음〉을 쓴 이용규 선교사가 하루는 몽골의 초원을 바라보다가 이런 깨달음을 얻었다고 합니다. 초원을 흐르는 강을 보니,

굽이굽이 돌아서 초원을 지나가더랍니다. 강이 일직선으로 흐르지 않고 여기저기를 돌아서 흘러가더랍니다.

그런데 그렇게 돌아가는 강 주변에 초목이 자라고 양과 염소들이 와서 물을 먹더랍니다. 돌아가는 강물 덕택에 초원이 푸르러지고 생명이 흘러가는 것을 보았습니다. 돌아가는 인생에 풍성함이 있습니다.

이스라엘 백성들이 광야를 40년을 돌아다녔습니다. 그것이 과연 슬픈 일일까요?

아니요, 그렇지 않습니다. 이스라엘 백성들은 광야를 돌아다니면서 하나님을 더욱 많이 알게 됩니다. 날마다 아침저녁으로 만나와 메추라기를 주시는 하나님. 매일매일 불과 구름기둥으로 인도하시는 하나님. 홍해를 가르시고 반석에서 물을 내시는 하나님. 이방민족과 싸워 주시는 여호와 닛시 하나님. 그들을 치료하시는 여호와 라파 하나님을 경험하게 됩니다.

돌아가는 길목마다 만나 주시는 하나님이 계십니다. 하나님을 더 풍성하게 알게 되고, 그럴수록 하나님에 대한 믿음은 더욱 깊어집니다. 돌아가는 그 길이 축복의 길이었습니다.

출 3:4 여호와께서 그가 보려고 돌이켜 오는 것을 보신지라 하나님이 떨기나무 가운데서 그를 불러 이르시되 모세야 모세야 하시매 그가 이르되 내가 여기 있나이다.

하나님이 모세를 부르십니다. "모세야, 모세야." 광야 한가운데서 모세를 부릅니다. 아무도 없는 적막한 곳에서 모세를 부릅니다.

하나님은 우리의 삶의 자리로 찾아오시는 분입니다. 우리가 하나님께 나아갈 수 있는 길은 오직 그분의 부르심 뿐 입니다. 하나님의 말씀 앞에서 우리는 그분을 마주하게 됩니다.

하나님의 말씀은 듣는 것이 아닙니다. 들려오는 것입니다. 하나님으로부터, 주님으로부터, 성령님으로부터 우리에게 들려와 부딪히는 것입니다. 내가 주체가 되어 말씀을 읽고 들으려고 애쓰고 노력한다고 되는 것이 아닙니다. 내가 노력한다고 깨달아지는 것이 아닙니다.

하나님께서 말씀하시고 그분으로부터 들려오는 것입니다. 중요한 것은 우리는 하나님의 말씀을 들을 수 있는 그 자리에 있어야 합니다. 하나님의 말씀을 들을 수 있는 그곳에 머물러 있어야 합니다.

하나님의 말씀이 들려올 때 당신은 무엇이라 대답하겠습니까?

모세는 이렇게 말합니다.

"바이요메르 히네니(내가 여기 있습니다)."

이 대답은 하나님 앞에 서 있는 사무엘과 이사야와 동일합니다. "내가 여기 있습니다." 말씀하옵소서, 주의 종이 듣겠나이다.

'여기'는 어디인가요? 바로 하나님 앞입니다. 코람데오입니다. 하나님 제가 여기 하나님 앞에 나아왔습니다. 제가 이곳이 서 있습니다. "말씀하여 주옵소서. 듣기를 원합니다." 예배는 하나님 앞에 서는 것입니다. 그리고 잠잠히 그분의 임재를 기다리는 것입니다.

출3:6 모세가 하나님 뵈옵기를 두려워하여 얼굴을 가리매…….

모세는 두려움에 그의 얼굴을 가립니다. 왜 얼굴을 가리는 걸까요? 하나님 앞에 나아가는 일은 두려운 일입니다. 떨리는 일입니다. 하나님의 거룩함과 위대함을 경험한 사람이라면, 그 앞에 서는 일이 얼마나 두렵고 떨리는 일인지 잘 압니다. 마찬가지로 예배의 자리는 사실 두려움과 떨리는 자리입니다. 만약 그렇지 않다면, 어쩌면 우리가 하나님 앞에 서 있지 않을 수도 있습니다.

출 3:5 하나님이 이르시되 이리로 가까이 오지 말라. 네가 선 곳은 거룩한 땅이니 네 발에서 신을 벗으라.

하나님께서 모세에게 말씀합니다.

"가까이 오지 말라. 네가 선 곳은 거룩한 곳이다."

왜 모세가 선 땅이 거룩한 땅일까요? 바로 하나님이 계시는 곳이기 때문입니다. 하나님이 함께하시는 곳이기 때문입니다. 하나님을 만나는 곳이며, 더불어 하나님의 임재가 있는 곳이기 때문입니다. 땅이 거룩한 것이 아니라, 사람이 거룩한 것이 아니라, 거룩한 그분이 계시기 때문입니다.

하나님이 함께 하시는 곳은 거룩한 곳입니다. 반대로 하나님이 계시지 않은 곳은 거룩하지 않은 곳이 됩니다. 우리의 예배와 이 장소에 하나님의 임재가 없다면 이곳은 거룩하다 말할 수 없습니다. 우리의 삶 안에 하나님과 동행함이 없다면 결코 거룩한 삶이 아닙니다.

남자, 자신의 신을 벗다

하나님은 거룩한 그 땅에서 신을 벗으라고 말씀합니다. 왜일까요? 이것은 권리를 포기하는 행위입니다. 종의 모습입니다. 당시 노예들은 신을 신지 않았습니다. 신을 벗는 것은 종의 모습입니다.

자신이 가고 싶은 곳으로 가지 않고 주인이 가라고 하는 곳으로 갑니다.

지난 80년은 모세는 자신이 하고 싶은 것을 하고 다니고 싶은 곳을 다녔지만 이제는 그럴 수 없다는 의미입니다. 이제 하나님의 종으로서 애굽에 가고, 가나안으로 가고, 하나님께서 명령하시는 곳으로 가라고 말합니다. 신을 벗는다는 것은 하나님의 부르심과 보내심을 받아들이겠다는 순종적 의미입니다.

이것은 예수님의 모습이기도 합니다. 종의 모습으로 우리 가운데 오신 주님의 모습입니다. 하나님의 뜻과 계획에 따라 그 길을 걸어가신 예수님의 모습입니다.

룻기 4:6-7 그 기업 무를 자가 이르되 나는 내 기업에 손해가 있을까 하여 나를 위하여 무르지 못하노니 내가 무를 것을 네가 무르라 나는 무르지 못하겠노라 하는지라 옛적 이스라엘 중에는 모든 것을 무르거나 교환하는 일을 확정하기 위하여 사람이 그의 신을 벗어 그의 이웃에게 주더니 이것이 이스라엘 중에 증명하는 전례가 된지라.

신을 벗는 장면이 룻기 4장에도 나옵니다. 보아스가 룻과 결혼하고자 합니다. 하지만 자신보다 가까운 친척이 있기에 그에게 룻과 결혼하라고 합니다. 그 집안의 대를 이어 주고 가문을 세워 주라고 합니다.

하지만 가까운 친척이 그 권리를 포기합니다. 포기하는 행동으로 자신의 신을 벗어 던집니다. 이것은 권리를 포기한다는 뜻입니다. 신을 벗는 것은 곧 권리 포기를 의미입니다.

남자는 하나님 앞에서 신을 벗는 존재입니다. 그분의 거룩함 앞에, 말씀 앞에 신을 벗는 사람입니다. 그동안 자신의 마음대로 살아왔던 삶을 내려놓고 권리를 포기하고 하나님의 말씀 앞에 머리를 숙이는 것이 남자입니다.

하나님은 모세뿐 아니라 여리고 성 전투를 앞두고 있는 여호수아에게도 나타나 신을 벗으라고 합니다.

여호수아 5:15 여호와의 군대 대장이 여호수아에게 이르되 네 발에서 신을 벗으라. 네가 선 곳은 거룩하니라 하니 여호수아가 그대로 행하니라.

신을 벗어라, 네 권리를 포기해라. 여리고 성을 앞두고 여호수아에게 말씀합니다. "곧 전쟁이 시작되지만, 이 싸움은 너희들이 싸움이 아니다. 이것은 내가 하는 *싸움*이다."고 말씀합니다.

수 1:3 내가 모세에게 말한 바와 같이 너희 발바닥으로 밟는 곳은 모두 내가 너희에게 주었노니.

그리고 너희 발바닥으로 밟은 곳을 모두 주겠다고 말씀합니다. 무슨 말입니까? 하나님 앞에서 신을 벗고 발바닥으로 밟은 그 땅을 주겠다고 말씀합니다. 자신의 권리를 포기하고 하나님께서 말씀하시는 그 땅을 믿음으로 밟고 나갈 때 하나님께서 주시겠다고 말씀합니다. 하나님 앞에서 자신의 신을 벗는 사람만이 모든 것을 얻게 됩니다.

하나님의 타이밍을 기다려라

모세가 하나님을 만나는 그 시점에 이스라엘의 상황은 어떻습니까? 노예로 전락하여 고된 시간을 보내고 있었습니다. 그들은 400년을 그렇게 살았습니다. 하나님은 그동안 무엇을 하셨을까요?

출 3:7-8 여호와께서 이르시되 내가 애굽에 있는 내 백성의 고통을 분명히 보고 그들이 그들의 감독자로 말미암아 부르짖음을 듣고 그 근심을 알고 내가 내려가서 그들을 애굽 인의 손에서 건져내고 그들을 그 땅에서 인도하여 아름답고 광대한 땅, 젖과 꿀이 흐르는 땅, 곧 가나안 족속, 헷 족속,

아모리 족속, 브리스 족속, 히위 족속, 여부스 족속의 지방에 데려가려 하노라.

동사를 주의 깊게 보세요. 하나님은 이스라엘 백성을 모른 채하지 않았습니다. 그들의 아픔을 보고 있었고, 듣고 있었고, 알고 있었습니다.

하나님은 방관하시는 분이 아닙니다. 하나님께서는 자신이 친히 개입하기 위해 기다리고 계셨던 것입니다.

출 3:9-10 이제 가라. 이스라엘 자손의 부르짖음이 내게 달하고 애굽 사람이 그들을 괴롭히는 학대도 내가 보았으니 이제 내가 너를 바로에게 보내어 너에게 내 백성 이스라엘 자손을 애굽에서 인도하여 내게 하리라.

9절과 10절에는 같은 단어 '이제'가 나옵니다. 왜 하필 '이제'일까요? 바로 지금이 하나님의 타이밍이기 때문입니다.

성경에 시간을 표시하는 단어가 두 개 나옵니다. 하나는 '카이로스'입니다. 사계절의 변화, 24시간 자연의 시간을 의미합니다.

나머지 다른 단어는 '크로노스'입니다. 예수님의 사역에서 많이 등장하는데 '때가 되며' 혹은 '때가 이르러' 등으로 번역됩니다. 마치 정해 놓은 어느 시간이 있고, 그 시간이 되자 예수님께서 누군가를 만나러 가기 위해 어느 장소로 이동하는 듯한 인상을 줍니다. 바로 하나님의 시간을 말하는 것입니다.

하나님이 일하시는 때가 있습니다. 지혜로운 사람은 우리의 인생이 하나님의 시간표에서 어디쯤인지 알고 있습니다. 지금은 고난의 시간인지, 아니면 광야의 시간인지, 혹은 가나안의 시간인지……. 하나님께서 '이제 가라'고 명령하시기 전까지 기다려야 합니다. 하나님보다 앞서서 움직이지 않아야 합니다.

하나님은 모세에게 가나안 땅으로 백성들을 인도해 내라고 명령합니다. 그리고 그 땅은 '젖과 꿀이 흐르는 땅'이라는 말씀도 덧붙였습니다.

이스라엘을 가보신 분들은 아시겠지만, 결코 젖과 꿀이 흐르는 땅이 아닙니다. 오히려 지금 그들이 있는 애굽이 더 풍성한 땅입니다. 농사도 잘되고 가축 키우기도 적당한 동네입니다.

지금도 이스라엘, 가나안 땅은 너무나 척박합니다. 비도 많이 오지 않고 농사짓기도 불편하고 산악지대도 많아 살기에도 적합하지 않습니다. 게다가 낮에는 덥고 밤에는 기온이 낮아 춥습니다.

그런데 하나님은 왜 그 땅을 젖과 꿀이 흐르는 땅이라고 말씀하실까요? 그것은 바로 가나안 땅이 하나님의 역사가 있는 땅이기 때문입니다. 하나님께서 함께하신 땅이기 때문입니다.

다윗이 하나님의 말씀이 꿀처럼 달다고 했는데, 바로 젖과 꿀과 같은 하나님의 말씀이 선포되는 땅이기 때문입니다. 아무것도 없어서 하나님만 바라볼 수 있는 그 땅. 하나님의 말씀만이 희망인 그곳이 축복의 땅입니다.

하나님은 그곳으로 가라고 모세에게 명령하시며, "너희가 다시 이 산에 와서 나를 섬길 것이다."고 말씀합니다. 모세가 있는 지금 이곳으로 이스라엘 백성들을 데리고 올 것이라고 말씀합니다.

모세는 시내 산으로 오는 길을 압니다. 그래서 백성들을 인도할 수 있었습니다. 모세는 40년을 광야에서 살아 보았습니다. 그래서 백성들을 40년 동안 광야에서 인도할 수 있었습니다.

여호수아도 가나안 땅을 먼저 밟아 보았기에 백성들을 끌고 다닐 수 있었습니다. 리더는 자신이 가본 곳까지 사람들을 인도할 수 있습니다. 그래서 리더의 수준이 곧 팔로워의 수준을 결정합니다. 하지만 거기에 더해서 하나님 앞에 자신을 내려놓는 작업이 필요합니다. 남자의 리더십은 자신에게서 나오는 것이 아니라, 하나님 앞에서 신을 벗을 때 비로소 시작됩니다.

남자, 발에서 신을 벗는 사람

모세의 삶을 보면 위대함을 느낍니다. 또한 하나님의 인도하심을 따르는 남자의 모습이 무엇인지도 깨닫게 됩니다.

자신의 힘과 지혜를 의지해서 살지 않고, 철저히 하나님의 말씀 앞에 엎드려 사는 사람. 신을 벗고 권리를 포기하고, 낮아짐으로 사는 사람. 이 시대에 필요한 진정한 남자의 리더십입니다.

1 하나님께서 사용하시는 조건

우리는 젊고 힘이 있을 때 하나님께서 사용하시겠지 라고 생각합니다. 또 많은 일을 이룰 수 있다고 착각합니다. 하지만 하나님께서는 그가 아무것도 할 수 없을 그때에 그를 부르시고 사용하십니다.

2 삶의 감동이 있는 인생 스토리로 무장하라

우리가 부러워하는 이들의 삶은 좋은 학벌과 직업을 가진 순탄한 인생을 살아온 이들일 것입니다. 하지만 하나님께서 사용하시는 사람은 인생마다 굴곡이 있습니다. 넘어지고 깨질 지더라도 그때마다 도우시는 하나님을 향한 고백으로 가득 찬 인생입니다.

3 하나님을 만나는 것은 곧 자신을 만나는 것

하나님 앞에 서는 일은 참으로 두렵고도 떨리는 일입니다. 하지만 모든 그리스도인들은 날마다 하나님 앞에서 자신을 내려놓아야 합니다. 죄로 물든 나를 벗어 버리고 하나님의 형상으로서 창조된 자신을 만나는 경험은 오직 그분 앞에서만 가능하기 때문입니다.

4 남자, 자신의 신을 벗다

신발은 자유와 권리의 상징입니다. 신발을 벗는 것은 나의 권리를 포기하고 그분의 부르심과 인도를 따르겠다는 종의 모습입니다. 나의 신을 벗어 버릴 때, 진정으로 그분의 발자취를 걷게 됩니다.

5 하나님의 타이밍을 기다려라

하나님은 우주만물을 때에 따라 움직이십니다. 사람의 모든 인생에 때가 있습니다. 그리고 역사의 모든 시간 안에는 하나님이 정해 놓으신 계획이 있습니다. 때를 알아보고 움직이는 것이 지혜입니다. 하나님의 시간표를 따른다면, 실패가 없습니다.

04 남자,
영웅을 꿈꾸다

여호수아 9:3-15

3 기브온 주민들이 여호수아가 여리고와 아이에 행한 일을 듣고
4 꾀를 내어 사신의 모양을 꾸미되 해어진 전대와 해어지고 찢어져서 기운 가죽 포도주 부대를 나귀에 싣고
5 그 발에는 낡아서 기운 신을 신고 낡은 옷을 입고 다 마르고 곰팡이가 난 떡을 준비하고
6 그들이 길갈 진영으로 가서 여호수아에게 이르러 그와 이스라엘 사람들에게 이르되 우리는 먼 나라에서 왔나이다 이제 우리와 조약을 맺읍시다 하니
7 이스라엘 사람들이 히위 사람에게 이르되 너희가 우리 가운데에 거주하는 듯하니 우리가 어떻게 너희와 조약을 맺을 수 있으랴 하나
8 그들이 여호수아에게 이르되 우리는 당신의 종들이니이다 하매 여호수아가 그들에게 묻되 너희는 누구며 어디서 왔느냐 하니
9 그들이 여호수아에게 대답하되 종들은 당신의 하나님 여호와의 이름으로 말미암아 심히 먼 나라에서 왔사오니 이는 우리가 그의 소문과 그가 애굽에서 행하신 모든 일을 들으며
10 또 그가 요단 동쪽에 있는 아모리 사람의 두 왕들 곧 헤스본 왕 시혼과 아스다롯에 있는 바산 왕 옥에게 행하신 모든 일을 들었음이니이다
11 그러므로 우리 장로들과 우리 나라의 모든 주민이 우리에게 말하여 이르되 너희는 여행할 양식을 손에 가지고 가서 그들을 만나서 그들에게 이르기를 우리는 당신들의 종들이니 이제 우리와 조약을 맺읍시다 하라 하였나이다
12 우리의 이 떡은 우리가 당신들에게로 오려고 떠나던 날에 우리들의 집에서 아직도 뜨거운 것을 양식으로 가지고 왔으나 보소서 이제 말랐고 곰팡이가 났으며
13 또 우리가 포도주를 담은 이 가죽 부대도 새 것이었으나 찢어지게 되었으며 우리의 이 옷과 신도 여행이 매우 길었으므로 낡아졌나이다 한지라
14 무리가 그들의 양식을 취하고는 어떻게 할지를 여호와께 묻지 아니하고
15 여호수아가 곧 그들과 화친하여 그들을 살리리라는 조약을 맺고 회중 족장들이 그들에게 맹세하였더라

남자를
무너뜨리는
결정적인 실수

여호수아

남자도 실수할 때가 있습니다. 아니, 자주 실수를 범합니다. 남자들에게 반복되는 실수의 패턴이 있습니다. 그 실수로 인해 삶이 송두리째 무너지는 경우도 있습니다. 가정이 해체되고 조직이 와해되기도 합니다.

하지만 정작 중요한 것은 실수한 다음의 모습입니다. 잘못을 인정하고 과오를 반성하는 자세가 없다면, 실수로 인해 얼룩진 타인의 상처와 공동체의 아픔은 아무런 의미가 없게 됩니다. 잘못을 저질렀다면 그것을 인정하고 진실로 회개하는 모습이 필요합니다. 실수는 남자를 성장시키는 결정적인 요소이기도 합니다.

대부분의 남자가 실수로 무너지는 경우는 인생의 절정기 때입니다. 미숙할 때는 큰 문제가 되지 않습니다. 하지만 리더의 자리에서 실수가 계속되어질 때 그 파급효과는 상상을 초월합니다. 혼자서 잘못을 감당할 때는 회개로 해결할 수도 있겠지만, 공동체를 이끌고 있는 상황에서의 잘못은 조직을 위기로 몰아넣을 수도 있습니다. 리더의 실수는 곧 공동체 전체의 잘못이 될 수 있습니다.

새로운 리더, 여호수아의 등장

신명기 34:9 모세가 눈의 아들 여호수아에게 안수하였으므로 그에게 지혜의 영이 충만하니 이스라엘 자손이 여호와께서 모세에게 명령하신 대로 여호수아의 말을 순종하였더라.

모세가 가나안 땅을 눈앞에 두고 느보산에서 마지막 유언을 합니다. 그리고 여호수아에게 안수합니다. 그때 하나님의 성령이 여호수아에게 임합니다. 그리고 이스라엘 모든 자손들이 모세를 따랐듯이 여호수아를 따르기로 약속합니다. 리더십이 다음 세대로 넘어가는 아름다운 현장입니다.

여호수아는 모세 다음에 이스라엘을 이끌었던 인물입니다. 이른바, '차세대 리더'라고 할 수 있습니다. 이스라엘의 부모 세대는 출애굽 세대입니다. 하나님의 약속의 땅인 가나안 땅을 향해 나가는 세대입니다.

그들에게는 '모세'라는 출중한 리더가 중심에 있었습니다. 그는 하나님을 대면하여 알던 자로, 강력한 리더였습니다. 하나님은 모세와 함께했고, 더불어 많은 능력을 행하셨습니다.

홍해를 갈랐고, 반석에서 물을 내어 마시게 했습니다. 만나와 메추라기로 40년을 먹였고, 불과 구름 기둥으로 백성들을 인도했습니다. 모세가 손을 들면 전쟁에서도 승리했습니다. 모세는 하나님의 대리자였습니다.

하지만 그렇게 강력하던 모세도 120살이 되어 죽음을 눈앞에 두고 있습니다. 모세를 잇는 새로운 지도자가 필요한 시점입니다. 백성들은 두려워합니다. 강력한 리더였던 모세를 대신할 만한 사람이 없기 때문입니다.

이에 하나님은 새로운 리더로 여호수아를 부릅니다. 그는 젊습니다. 전쟁에서 열심히 싸우고 가나안 정탐꾼으로 활약했지만, 여전히 모세의 뒤를 잇기에 부족합니다. 그럼에도 불구하고, 하나님은 모세의 다음 리더로 여호수아를 세웁니다.

여호수아 입장에서도 리더는 너무나 두렵고 힘든 자리입니다. 남들은 부러워할지 몰라도 200만 명이나 되는 사람들을 가나안으로 이끌고 가는 일은 결코 쉽지 않습니다.

남자에게는 스승이 필요합니다. 삶을 배울 수 있는 좋은 모델이 있어야 합니다. 특별히 시대적 영웅을 만나야 합니다. 자신의 삶, 전 존재를 흔들어 놓을 수 있는 영웅을 만날 때 남자의 변화는 시작됩니다. 성장합니다.

이성 친구의 뒤꽁무니를 쫓아다니거나 부모님 품 안에 있을 때, 남자는 성장할 수 없습니다. 숭고한 가치와 위대한 목표를 향해 목숨 걸며 뛰는 영웅을 만날 때 남자의 심장은 박동하게 됩니다.

여호수아에게 모세는 하나님과도 같은 존재였습니다. 자신의 모든 것을 걸고 따라다녀도 아깝지 않았습니다. 모세와 함께 광야의 시간을 보낸 여호수아는 점점 모세를 닮아갑니다. 그의 행동과 생각 하나하나가 모세를 닮아 갑니다. 남자는 자신이 바라보는 그것을 닮아가는 존재입니다. 그래서 남자에게 영웅이 필요한 것입니다.

남자, 새로운 사명 앞에 서다

여호수아 1:1 여호와의 종 모세가 죽은 후에 여호와께서 모세의 수종자 눈의 아들 여호수아에게 말씀하여 이르시되 2 내 종 모세가 죽었으니 이제 너는 이 모든 백성과 더불어 일어나 이 요단을 건너 내가 그들 곧 이스라엘 자손에게 주는 그 땅으로 가라. 3 내가 모세에게 말한 바와 같이 너희 발바닥으로 밟는 곳은 모두 내가 너희에게 주었노니. 4 곧 광야와 이 레바논에서 부터 큰 강 곧 유브라데 강까지 헷 족속의 온 땅과 또 해 지는 쪽 대해까지 너희의 영토가 되리라. 5 네 평생에 너를 능히 대적할 자가 없으리니 내가 모세와 함께 있었던 것 같이 너와 함께 있을 것임이니라. 내가 너를 떠나지 아니하며 버리지 아니하리라. 6 강하고 담대하라. 너는 내가 그들의 조상에게 맹세하여 그들에게 주리라. 한 땅을 이 백성에게 차지하게 하리라.

여호수아의 주요 임무는 가나안에서 전쟁을 하고 그 땅을 차지하는 것입니다. 여호수아는 심히 두려워합니다. 수많은 전쟁터에서 용감하게 싸웠던 그이지만. 최고의 군대사령관이 되어 전쟁을 이끌어 본 경험은 없었습니다.

그런 여호수아에게 하나님께서 찾아오십니다. 그리고 강하고 담대하라고 말씀합니다. 눈앞에 있는 가나안 땅을 주시겠다고 말씀합니다. 백성들이 발로 밟는 모든 땅을 약속합니다. 어디로 가든지 함께하실 것을 약속합니다.

리더에게 필요한 것은 무엇일까요? 그것은 목표에 대한 자신감이 아닙니다. 할 수 있다는 확신이 아닙니다. 일에 대한 능력이 아니라 그 일에 대한 '소명감'입니다. '책임의식'입니다. 왜 하나님께서 이 일을 나에게 맡기셨을까에 대한 끊임없는 고민입니다. 할 수 있는 일을 하는 것이 아니라 해야 하는 일을 하는 것이 리더입니다. 잘하고 못하고는 그다음입니다.

여호수아는 두려움이 앞설 것입니다. 고독감이 몰려올 것입니다. 하지만 하나님께서 맡기신 일은 하나님이 도우십니다. 하나님은 일만 맡기지 않습니다. 사람을 보내 주시고 환경을 만들어 주십니다. 남자는 결과를 예측하고 가는 사람이 아니라 불확실한 상황에서도 나를 부르신 하나님을 신뢰하며 가는 사람입니다. 남자의 담대함은 여기에서 나옵니다. 하나님께서 함께하신다는 믿음에서입니다.

남자가 흔들리면 함께 하는 사람들이 불안해합니다. 가장이 흔들리면 자녀들이 방황합니다. 사장이 흔들리면 부하 직원들이 어려움을 겪습니다. 그래서 남자의 결정과 행동은 무거워야 합니다. 남자의 무게 중심은 늘 아래에 있어야 합니다.

저는 섬에서 자랐기에 바다와 배를 잘 압니다. 좋은 배는 무게 중심이 아래에 있습니다. 그래야 파도가 와도 전복되지 않고 파도를 타고 넘습니다. 무게 중심이 위에 있을 때, 배는 쉽게 흔들립니다. '무게 중심이 낮다'는 것은 '무엇인가 흔들리지 않는 사람, 기준을 붙잡은 사람'이라는 뜻입니다. 상황에 흔들리지 않고 하나님께서 주신 소명을 붙잡는다는 것입니다.

특별히 하나님의 영광을 뜻하는 히브리어 '카보드'는 '카베트'라는 동사에서 왔는데, 그 단어의 뜻은 '무겁다'입니다.

하나님이 주신 영광의 특징이 바로 무거움입니다. 하나님의 영광에 사로잡혀 있는 남자는 무겁게 행동합니다. 가볍게 말하고 철없이 행동하지 않습니다. 신중합니다. 리더는 무게 중심이 늘 아래에 있어야 합니다.

전투를 앞두고 점검해야 할 두 가지

가나안에 들어가는 첫 관문 앞은 여리고 성입니다. 여리고 성은 거대하고 큰 성입니다. 쉽게 정복할 수 없는 성입니다. 여리고 사람들은 이미 소식을 들어 이스라엘 민족이 오고 있음을 알고 있었습니다.

여호수아는 정복을 앞두고 두 명의 정탐꾼을 보내, 그 성의 분위기를 파악합니다. 정탐꾼을 도왔던 기생 라합을 통해 여리고 사람들이 두려움에 떨고 있음을 알 수 있었습니다. 전쟁의 승패는 늘 시작하기 전에 판가름 나는 것입니다.

전쟁을 치르기 전에 여호수아는 준비해야 할 것들이 많습니다.

군사들의 사기를 높여야 하고 전략을 짜고 비전투요원들의 안전을 확보해야 합니다. 이 전쟁은 일반적인 전쟁이 아닙니다. 민족의 운명이 달린 싸움이고 만약에 진다면 모든 가족들이 죽을 수도 있는 위험한 싸움입니다. 이런 싸움에서 준비해야 할 것이 무엇일까요?

가장 중요한 것은 하나님의 백성으로서의 정체성을 확인하는 것입니다. 40년을 광야에서 지내다 보니 유대인의 전통인 '할례'를 행하지 못하였습니다. 할례는 아브라함 때부터 행해져오던 하나님의 백성 됨의 외적 표시입니다.

하지만 광야에서는 할례를 행할 수 없었습니다. 잦은 전쟁과 행군으로 그럴 여유가 없었던 것이죠. 그래서 백성들이 자신의 정체성을 올바로 이해하지 못하고 있었습니다. 하나님과 언약 관계에 있는 존재임을 잊고 있었던 것이죠.

5:2 그때에 여호와께서 여호수아에게 이르시되 너는 부싯돌로 칼을 만들어 이스라엘 자손들에게 다시 할례를 행하라 하시매 3 여호수아가 부싯돌로 칼을 만들어 할례 산에서 이스라엘 자손들에게 할례를 행하니라.

할례는 적과 아군을 구분하는 표시가 아니라 하나님의 자녀 됨을 확인하는 예식입니다. 구별됨의 표시이지요. 그렇지만 지금 전쟁을 앞에 두고 할례를 행하는 것은 굉장히 위험한 일입니다. 만약

적군이 이 같은 사실을 알고 쳐들어온다면 그저 당할 수밖에 없기 때문이죠.

하지만 전쟁보다 하나님의 백성 됨을 회복하는 것이 급선무였습니다. 애굽과 광야의 생활의 옛 모습을 벗어 버리고 새로운 존재로 거듭나는 과정이 가장 중요한 일이었습니다.

하나님의 백성으로서의 정체성 회복을 위한 또 다른 예식은 유월절(Passover)입니다. 유월절은 애굽을 탈출하는 마지막 날을 기념하는 예식입니다. 출애굽기 12장에 보면 유월절의 유래에 대해서 자세히 기록하고 있습니다.

어린양을 잡아 그 피를 문에 바르고, 떠날 복장으로 옷을 입고 음식을 급하게 먹으라고 합니다. 유월절을 통해서 이스라엘 민족은 400년이 넘는 노예 생활을 마치고 애굽을 탈출하게 됩니다.

하나님은 여리고 성의 전투를 앞에 두고 유월절을 행하라고 합니다. 40년 전에 열 가지 재앙으로 자신들을 구원하신 하나님을 기억하라는 것입니다. 그 하나님이 앞으로의 가나안 전쟁에서도 함께하시겠다는 것입니다.

전쟁을 앞두고 이스라엘 민족이 보여 준 모습은 너무나 의외입니다. 할례를 행하고 유월절 축제를 지킨 것입니다. 긴장과 공포의 밤이 아닌 기쁨과 축제의 밤을 보냅니다. 어떻게 이런 일이 가능할까요?

바로 전쟁은 하나님께 속한 것이기 때문입니다. 하나님께서 함께 싸우신다는 믿음의 확신이 있기에 두렵지 않은 겁니다.

여러분은 믿음의 싸움을 하고 있습니까? 여러분이 누구의 자녀인지를 고백하기 바랍니다. 하나님께서 책임져 주십니다. 전쟁을 앞두고 점검해야 할 것은 '실력'이 아니라 '나의 정체성'입니다.

찬양의 예배로 승리하다

여리고 성의 전투는 그 전략이 특별합니다. 큰 성을 점령하는데 칼이나 창과 같은 위협적인 무기를 사용하여 싸우지 않습니다. 대신 모든 백성들이 성을 하루에 한 바퀴씩 돕니다. 그리고 마지막 날 일곱 바퀴를 돕니다. 총 13바퀴를 돈 셈입니다.

그것으로 전쟁이 끝났습니다. 성이 무너졌고, 여리고 사람들은 모두 죽게 됩니다. 역사상 가장 싱거운 전투였습니다. 하지만 눈여겨보아야 할 부분이 있습니다.

6:20 이에 백성은 외치고 제사장들은 나팔을 불매 백성이 나팔 소리를 들

을 때에 크게 소리 질러 외치니 성벽이 무너져 내린지라 백성이 각기 앞으로 나아가 그 성에 들어가서 그 성을 점령하고 21 그 성 안에 있는 모든 것을 온전히 바치되 남녀노소와 소와 양과 나귀를 칼날로 멸하니라.

마지막 날 일곱 바퀴를 돌고 온 백성이 성을 둘러쌉니다. 그리고 제사장들이 나팔을 불 때, 백성들이 함께 소리를 칩니다. 그 소리에 성벽이 무너져 내립니다. 이것을 어떻게 설명할 수 있을까요? 신앙의 관점으로 해석할 수밖에 없습니다.

눈여겨볼 것은 성을 돌 때 언약궤가 앞서 갔다는 점입니다. 그리고 양각(羊角, 양의 뿔) 나팔을 든 제사장들이 앞서 갔다는 사실입니다. 왜 다름 아닌 양각 나팔을 사용했을까요? 사실 40년을 광야에서 이동하고 전쟁할 때 그들이 사용한 나팔은 은 나팔입니다. 은 나팔 하나를 불면 천부장들이 모이고, 두 개를 불면 진영을 이동하거나 전쟁에 나아갔습니다. 만약 여리고 성이 일반적인 전쟁이었다면, 양각 나팔이 아니라 은 나팔을 사용해야 했습니다.

그러나 다른 의미가 있는 것입니다. 양각나팔은 예배 때 사용하는 악기입니다. 하나님을 찬양하며 경배할 때 사용하는 것입니다. 이것은 과연 무엇을 의미할까요? 여리고 전쟁이 사람들의 싸움이 아니라 하나님을 향한 예배였다는 사실입니다. 여리고라는 거대한 성 앞에서 하나님을 외치고 드높일 때 성벽이 무너졌다는 사실입니다.

놀랍지 않나요? 전쟁이 아니라 예배였다는 사실 말입니다. 이것은 우리에게도 적용됩니다. 사람의 힘으로 해결할 수 없는 거대한 문제 앞에서 어떻게 해야 할까요?

네, 하나님을 찬양해야 합니다. 높여 드려야 합니다. 문제보다 더 크신 하나님을 바라볼 때 사람의 힘으로는 해결할 수 없는 문제도 끝내 해결될 수 있습니다.

진정한 남자는 여리고 성 앞에서 주저하지 않습니다. 오히려 담대하게 소리치며 하나님을 찬양합니다. 그것이 진정한 남자의 모습입니다. 문제를 넘어서는 힘은 우리 안에 있는 것이 아니라, 하나님을 높일 때 위로부터 임하는 것입니다.

여호수아의 결정적인 두 가지 실수

여호수아는 마침내 여리고 성을 점령했습니다. 백성들의 사기는 하늘까지 솟았습니다. 이미 가나안 땅의 모든 지역을 정복한 기분입니다.

그다음 정복할 성은 조그마한 아이 성입니다. 여리고 성과 비교하면 막대기에 불과하죠. 사람들은 여호수아에게 찾아와 3천 명만 싸우러 가자고 합니다. 여호수아도 그 말에 동의합니다.

7:2 여호수아가 여리고에서 사람을 벧엘 동쪽 벧아웬 곁에 있는 아이로 보내며 그들에게 말하여 이르되 올라가서 그 땅을 정탐하라 하매 그 사람들이 올라가서 아이를 정탐하고 3 여호수아에게로 돌아와 그에게 이르되 백성을 다 올라가게 하지 말고 이삼천 명만 올라가서 아이를 치게 하소서. 그들은 소수이니 모든 백성을 그리로 보내어 수고롭게 하지 마소서 하므로 4 백성 중 삼천 명쯤 그리로 올라갔다가 아이 사람 앞에서 도망하니 5 아이 사람이 그들을 삼십육 명쯤 쳐죽이고 성문 앞에서부터 스바림까지 쫓아가 내려가는 비탈에서 쳤으므로 백성의 마음이 녹아 물 같이 된지라.

하지만 결과가 어땠나요? 패배였습니다. 36명의 희생자가 나왔습니다. 여호수아는 옷을 찢으며 하나님 앞에 나아갑니다. 문제가 무엇일까요?

첫 번째는 하나님의 음성에 귀를 기울인 것이 아니라 사람들의 목소리에 귀를 기울였기 때문입니다. 작은 전투였지만 전력투구하지 않았습니다. 너무나 얕잡아 봤습니다.

그리고 또 다른 이유는 바로 아간 때문입니다. 여리고 성 전쟁에서 하나님은 "모든 가축을 다 죽이고 재물은 손대지 말고 여호와의 곳간에 넣으라(6:19)"고 말씀하셨습니다. 이유는 전쟁의 목적이 가축과 재물을 약탈하고 사람들을 잡아 노예로 삼는 것이 아니었기 때문입니다. 하나님의 전쟁이었기 때문입니다.

하지만 아간이 그 명령에 순종하지 않습니다. 외투 한 벌과 은과 금 조금을 숙소에 숨깁니다. 이러한 이유로 아이 성 전투에서 패하게 됩니다. 한 사람의 잘못이 곧 공동체 전체의 운명을 갈랐습니다.

한 사람의 순종이 중요합니다. 한 사람의 범죄로 이 땅에 죄가 들어왔고, 한 사람의 순종으로 죄와 사망의 법에서 해방되었습니다. 하나가 전체이고 전체가 하나입니다. 하나가 무너지면 모두가 무너지게 됩니다. 반대로 하나가 살면 모두가 살 수 있습니다.

여호수아의 또 다른 실수는 기브온 민족과 화친 언약을 맺는 장면에서 발생합니다. 아이 성 전투도 승리로 이끌면서 이스라엘에 대한 소문이 가나안 전역에 퍼지게 됩니다. 모두가 그를 두려워합니다.

그때 기브온 사람들이 찾아와 불가침 언약을 맺자고 제안합니다. 기브온 사람들은 낡은 옷을 입고 해어진 가죽부대와 곰팡이 난 빵을 들고 와서 멀리서 고생하며 왔다고 거짓말합니다. 이스라엘의 종이 될 테니 자신들을 지켜달라고 부탁합니다.

여러분들이라면 어떻게 하겠습니까? 하나님은 분명 가나안의 모든 민족을 진멸하라고 했는데, 이스라엘 백성들이 고민합니다. 그리고 이렇게 결정합니다.

9:14 무리가 그들의 양식을 취하고는 어떻게 할지를 여호와께 묻지 아니

하고 15 여호수아가 곧 그들과 화친하여 그들을 살리리라는 조약을 맺고 회중 족장들이 그들에게 맹세하였더라.

결국 화친 언약을 맺고 맙니다. 하지만 결정의 과정에서 생략된 것이 있는데, 그것은 바로 하나님께 묻는 일이었습니다. 기도하지 않고 결정한 뒤 맹세해 버립니다. 기브온 사람들과 그 땅을 침략하지 않고 어려움이 생길 때 가서 도와주겠다고 하나님의 이름으로 약속해 버립니다.

승승장구하던 이스라엘은 금세 교만에 빠집니다. 어쩌면 낯선 가나안에 정착하기 위해 도와줄 사람들이 필요했는지도 모릅니다. 하지만 하나님은 그 땅의 모든 족속을 다 진멸하라고 하셨습니다. 리더들의 잘못된 판단으로 하나님에게 순종하지 못한 것입니다.

그로부터 3일 후에 기브온 사람들이 근처에 사는 부족임을 알게 되고 후회하게 됩니다. 이스라엘 백성들은 족장들을 비롯한 리더들에게 항의합니다.

11:19 기브온 주민 히위 족속 외에는 이스라엘 자손과 화친한 성읍이 하나도 없고 이스라엘 자손이 싸워서 다 점령하였으니……

계속되는 전쟁을 통해 가나안의 대부분 땅을 점령했지만, 오직 기브온 지역만 남게 됩니다. 하나님께 기도하지 않은 리더들의 잘못된 판단으로 인한 결과입니다.

사람은 누구나 실수를 합니다. 그 실수로 인해 힘들어 하죠. 혼자일 때는 잘 감당할 수 있습니다. 하지만 리더가 된 후에는 상황이 다릅니다. 실수로 인한 결과를 공동체가 함께 감당해야 하기 때문이죠.

남자의 생각과 행동에는 반드시 기준이 있어야 합니다. 그 기준은 바로 하나님의 말씀입니다. 자의적으로 판단할 것이 아니라 말씀을 통하여 결정하는 자세가 중요합니다.

또한 좋은 참모진이 필요합니다. 리더가 흔들릴 때마다 조언해 주며 바른 길로 이끌어 줄 동역자가 필요합니다. 모세에게는 아론과 훌이 있었지만, 여호수아에게는 그런 사람이 없었습니다. 그가 흔들릴 때 잡아 주는 사람들이 없었습니다. 리더가 혼자 고립될 때 공동체는 가장 위험합니다.

남자, 실수를 통하여 성장한다

남자는 실수투성이입니다. 불완전한 존재입니다. 완벽한 것처럼 말하고 행동하지만, 어딘가 모르게 늘 어설픕니다. 그게 남자입니다. 자신이 실수할 수 있음을 깨닫는 것이 중요합니다. 또 빨리 인정하고 다시는 반복해서는 안 됩니다.

아이 성 이후의 전투에 대해서는 자세히 기록하지 않습니다. 대신 12:7-24절에서 여호수아가 정복한 지역에 대해서만 나열합니다. 총 31개 성입니다. 왜 설명이 없었을까요?

네, 추측하건데 이후에는 실수하지 않았기 때문입니다. 전쟁을 앞두고 늘 하나님께 묻고 기도하는 자세로 나아갔을 것입니다. 사람들의 말에 귀를 기울이기보다는 먼저 하나님을 찾았을 것입니다. 그리고 함께 논의하면서 공동체를 이끌었을 것이 분명합니다. 그래서 더 이상 설명이 필요하지 않았던 거죠.

남자는 실수를 통해서 성장합니다. 리더가 되기까지 많은 실수가 필요합니다. 하지만 실수로 인해 무너져서는 안 됩니다. 다시 일어설 정신적·영적 근육이 만들어져야 합니다. 실수가 실력을 만들어 주기까지 인내와 도전의 시간이 필요합니다.

또한 함께하는 이들의 고통도 잊지 말아야 합니다. 한 명의 온전한 리더가 세워지기까지 공동체가 기다려 줄 수 있다면, 우리 사회는 또 다른 영웅을 맞이할 수 있을 것입니다.

남자를 무너뜨리는 결정적인 실수

여호수아는 행동이 앞선 사람이었습니다. 모세를 뒤이어 이스라엘을 이끌었지만 그의 젊음과 패기는 때론 실수로 이어졌습니다.

실수할 수 있지만 실패해서는 안 됩니다. 그것은 개인의 아픔이 아니라 공동체 전체의 아픔이기 때문입니다. 실수를 통해 성장하고 성숙할 때 남자는 더욱 거목이 될 것입니다.

1 차세대 리더, 그를 움직이는 사명

모세 다음으로 리더가 되었던 여호수아. 사람들의 존경과 따름을 받기 전에 확인해야 할 것이 있었습니다. 그것은 사명입니다. 리더가 되어서 하나님의 부르심을 받고 무엇을 해야 할지 구체적인 사명을 확인하는 것이 가장 중요했습니다. 그의 사명은 가나안의 정복입니다.

2 전쟁을 앞두고 점검해야 할 두 가지

여리고 성 전투를 앞두고 여호수아는 두 가지를 행합니다. 하나는 할례이고, 두 번째는 유월절입니다. 모두 이스라엘 백성으로서의 정체성을 확인하는 것입니다. 그들이 애굽을 떠나 왜 가나안까지 왔고, 또 여기에서 어떤 삶을 살아야 할지 명확하게 하는 작업입니다. 전쟁을 앞두고 스스로를 돌아보는 작업이 급선무입니다.

3 찬양의 예배로 승리하다

여리고 성 전투는 사람의 싸움이 아닙니다. 바로 하나님의 주권을 인정하고 순종하는 경배였습니다. 우리의 인생도 마찬가지입니다. 거대한 적가 시험을 앞두고 무엇을 할 수 있겠습니까? 하나님을 바라보며 경배하는 사람이야말로 지혜로운 사람입니다.

4 여호수아의 결정적인 두 가지 실수

리더도 실수할 수 있습니다. 하지만 같은 실수가 반복되어선 안 됩니다. 하나님께 묻지 않아 패하고 잃어버린 경험이 되풀이 된다면, 리더로서 자질이 없는 것입니다. 특별히 영적 리더를 꿈꾼다면, 늘 하나님의 음성에 민감하게 반응해야 합니다.

5 실수를 통하여 성장하라

남자는 끝없이 성장해야 합니다. 리더가 성장하지 않으면 그 조직은 무너집니다. 높은 이상향을 가지고 배우고 익히기를 쉬지 않아야 합니다. 실수도 성장과 성숙을 위한 하나의 과정입니다. 더 나은 자신을 향해 갈 때 공동체가 따라갑니다.

05 남자,
영웅을 꿈꾸다

사사기 13:1-7

1 이스라엘 자손이 다시 여호와의 목전에 악을 행하였으므로 여호와께서 그들을 사십 년 동안 블레셋 사람의 손에 넘겨 주시니라

2 소라 땅에 단 지파의 가족 중에 마노아라 이름하는 자가 있더라 그의 아내가 임신하지 못하므로 출산하지 못하더니

3 여호와의 사자가 그 여인에게 나타나서 그에게 이르시되 보라 네가 본래 임신하지 못하므로 출산하지 못하였으나 이제 임신하여 아들을 낳으리니

4 그러므로 너는 삼가 포도주와 독주를 마시지 말며 어떤 부정한 것도 먹지 말지니라

5 보라 네가 임신하여 아들을 낳으리니 그의 머리 위에 삭도를 대지 말라 이 아이는 태에서 나옴으로부터 하나님께 바쳐진 나실인이 됨이라 그가 블레셋 사람의 손에서 이스라엘을 구원하기 시작하리라 하시니

6 이에 그 여인이 가서 그의 남편에게 말하여 이르되 하나님의 사람이 내게 오셨는데 그의 모습이 하나님의 사자의 용모 같아서 심히 두려우므로 어디서부터 왔는지를 내가 묻지 못하였고 그도 자기 이름을 내게 이르지 아니하였으며

7 그가 내게 이르기를 보라 네가 임신하여 아들을 낳으리니 이제 포도주와 독주를 마시지 말며 어떤 부정한 것도 먹지 말라 이 아이는 태에서부터 그가 죽는 날까지 하나님께 바쳐진 나실인이 됨이라 하더이다 하니라

남자,
그 거룩함의
존재

삼손

    오늘날 우리가 살아가고 있는 시대적 상황과 가장 닮은 성경의 시대를 꼽으라면 단연 사사시대일 것입니다. 복음이 이 땅에 들어온 지 100년이 흘렀고 영적 축복을 맛본 뒤에 점점 쇠퇴해 가는 교회의 모습은 광야의 영성을 잃어 가는 가나안 시대와 무척이나 닮아 있습니다. 사사기는 이스라엘 백성들이 가나안땅에 정착한 뒤에 살아가는 300년 동안의 이야기를 담고 있습니다.

    가나안은 하나님께서 약속하신 축복의 땅입니다. 그곳이 축복인 이유는 토질이 좋고 농사가 잘 되어서가 아니라 하나님의 도우심이 있기 때문이죠. 이른 비와 늦은 비의 축복이 없다면 살아갈 수 없는 특별한 장소입니다.

    하지만 가나안의 세대는 그 축복에 만족하지 못합니다. 세속 문화와 혼합되어 다른 민족의 우상을 섬기고 육체적 쾌락을 추구하는 삶을 살아갑니다. 그 결과 주변 민족의 침입으로 눈물의 시간을 보냅니다. 가나안의 세대에게 필요한 것은 바로 거룩함입니다. 거룩함은 영적인 차원이 아니라 삶의 차원입니다. 그리고 거룩함은 개인과 공동체, 이 세상을 변화시킬 하나님의 방법입니다.

혼합주의에 물든 가나안 세대

가나안 세대는 그의 부모 세대, 즉 광야의 세대와는 다른 삶을 살았습니다. 척박한 광야의 삶이 아니라 하나님이 주시는 가나안의 풍요를 누리는 세대였습니다. 농사를 지으면서 제법 많은 결실을 얻었고 목축업도 잘 이루어졌습니다. 그들은 전쟁을 경험하지 않았으며 광야의 기근과 배고픔을 모른 채 성장했습니다. 평화와 안정된 삶을 살았죠.

하지만 이러한 물질적인 풍요로움이 그들에게 온전한 축복으로 작용하지는 못했습니다. 오히려 풍요와 안정은 하나님을 멀리하게 된 요인이 되었습니다.

사사기 1-2장에서 이스라엘은 가나안을 정복하기 위해 각 지파별로 전쟁을 합니다. 하지만 하나같이 전쟁에서 완벽한 승리를 얻지 못합니다. 가끔씩 패하기도 했지만, 대부분은 전쟁을 포기하고 가나안 족속들과 타협합니다. 그리고 그들을 노예로 이용하기 위해 함께 전쟁 대신 함께 거주하기를 선택합니다.

가나안 세대의 결정적인 문제는 바로 여기에 있습니다. '거룩'의 반대인 '혼합주의'가 시작된 것이죠. 주변 민족과 함께 어울려 살면서 그들의 문화를 자연스럽게 받아들이고 그들의 신을 따르게 됩니다. 심지어 3:5-6절을 보면 서로 결혼도 합니다.

가나안의 우상 앞에서 함께 절하고 축제를 벌이며 살아가는 것이 너무도 자연스러운 행동이 되어 버렸습니다. 이제는 그것이 죄인지조차도 깨닫지 못합니다. 모두가 똑같이 범죄를 저질렀기에 죄가 상식이 되어 버렸습니다.

특별히 사사시대에 나타났던 성적 타락은 상상 이상입니다. 사사기 19장에 등장하는 한 레위인의 아내를 성폭행한 사건은 당시 시대적 타락상을 잘 보여 줍니다. 그렇게까지 변해 버린 이유가 무엇일까요? 바로 우상인 바알과 아세라 때문입니다.

이 우상들은 음란한 행위를 하는 제의의식을 가지고 있습니다. 우상의 신전에서 함께 성행위를 하는 것을 예배라고 생각하죠. 이방 신전에서 비롯된 성적 타락은 가나안 세대를 휩쓸었고, 일반적인 현상이 되어 버렸습니다.

19장의 내용을 보면, 한 레위인이 아내를 찾기 위해 처가에 갔다가 다시 고향으로 돌아오고 있었습니다. 그 길목에서 베냐민지파의 지역인 기브아에서 하룻밤을 머물게 됩니다. 한 노인의 호의로 그의 집에 머물게 되는데, 그날 밤 주민들이 그 손님과 성관계를 하기 위해 노인의 집으로 몰려옵니다.

노인의 만류에도 불구하고 사람들은 레위인의 첩을 끌어내어 밤새 성폭행을 하였습니다. 그 여인은 결국 비참한 최후를 맞이합니다. 바로 사사시대의 타락상을 극명하게 보여 주는 대목입니다.

레위인은 이 끔찍한 현장을 이스라엘 모든 지파에 알렸고, 그 일로 베냐민 지파는 다른 11개의 지파와 전투를 벌여야 했습니다. 회개하고 용서를 구하며 거룩의 삶을 선택하면 되는데도 불구하고 베냐민 지파는 그렇게 하지 않았습니다. 결국 남자 600명만이 살아남는 멸족의 상황을 맞이하게 됩니다.

오늘날 한국 교회의 상황도 가나안 세대와 비슷한 모습을 보이고 있습니다. 복음이 이 땅에 들어온 지 100여 년, 믿음의 선조들이 순교와 박해로 삶을 마친 뒤 3~4세대들이 축복 속에 신앙생활을 하고 있습니다.

하지만 지금의 우리는 세상 문화를 받아들이는 혼합주의에 물들어 있습니다. 이는 가나안 세대와 별반 다르지 않습니다. 성적인 타락은 물론이거니와 돈과 쾌락을 추구하는 말세의 모습(딤후3장)을 보이고 있습니다. 무엇이 옳은 일인지 구별하지 못하는 가치관의 혼란이 찾아왔습니다.

이 시대가 회복해야 할 최우선의 과제는 바로 거룩함입니다. 세상과는 다른 모습을 살아가는 거룩함의 회복이 절실합니다. 그리스도인의 삶에서 거룩함이 사라져 버렸기에 '참 그리스도인의 멸족'이라는 위기의 상황을 맞이하고 있는지도 모릅니다.

하나님의 뜻이 무엇인지 모르고 자기 소견에 옳은 대로 행했던 사사시대의 사람들처럼(21:25) 다원주의적 상황 속에서 모두의 소견이 마치 옳은 것처럼 받아들여지고 있습니다.

기준이 상실된 시대, 말씀의 권위가 실종된 시대, 하나님의 거룩함이 소멸된 시대 가운데서 우리는 무엇을 할 수 있을까요? 이러한 상황 속에서 그리스도인의 삶은 어때야 할까요? 경건한 남자의 모습은 무엇일까요?

삼손의 이야기를 통해서 그 해답을 찾아보고자 합니다. 그렇다고 삼손의 삶이 최선이라고 말하고 싶지 않습니다. 하지만 그의 실패담 속에 찾아볼 수 있는 몇 가지 통찰이 있습니다.

한 남자의 무너짐은 단순히 개인의 좌절과 실패가 아니라 그를 기대어 사는 가정과 공동체와 나라의 무너짐이라는 사실을 깨닫게 합니다.

삼손은 큰 능력을 가지고 태어났습니다. 하지만 큰 능력과는 대조적으로 너무나 작은 일에 몰두합니다. 거룩함을 잃어버린 채, 자신을 향한 하나님의 큰 뜻을 깨닫지 못한 채, 시대를 호령할 수 있는 사자가 아닌 여우의 모습으로 살아가고 맙니다.

나실인, 거룩함의 기준이 되다

삼손을 읽어 낼 수 있는 키워드는 '거룩'입니다. 거룩의 히브리어 '카도쉬'는 '구별됨', '따로 떼어놓음'을 의미합니다. 가나안의 문화에 빠져들지 않고, 하나님의 말씀과 신앙의 순수함으로 살아가는 삶을 말합니다.

가나안의 종교다원주의 상황에서 그들을 구원하시고자 하는 하나님의 방법은 이스라엘의 거룩함이었습니다. 바로 하나님의 사람들의 거룩함이었습니다. 하나님의 방법은 언제나 사람입니다.

13:1절은 이스라엘 자손이 '다시' 여호와의 목전에서 악을 행했다고 합니다. 사사기가 보여 주는 이야기의 패턴이 있습니다. '이스라엘의 범죄 – 이방족의 침입과 압제 – 백성들의 부르짖음 – 사

사의 등장과 찾아온 평화'라는 4단계의 패턴이 반복적으로 이루어집니다. 이러한 모습이 사사기에 총 일곱 번 등장합니다.

사사기 3장과 4장을 보면 메소포타미아에게 8년이나 압제하고 사사 옷니엘이 이스라엘을 해방합니다. 또 모압이 18년 동안 압제하였고, 왼손잡이 에훗이 일어났습니다. 그리고 가나안이 침입했고, 20년 동안 이스라엘을 괴롭혀, 여사사 드보라라 일어섰습니다. 그 다음은 미디안이 7년을 괴롭혔고, 기드온이 등장했습니다. 그 후 아말렉이 괴롭혔고, 입다가 일어섰습니다.

반복되는 죄악의 역사를 통하여 백성들이 깨닫지 못함이 참으로 안타까운 장면입니다. 죄의 악순환이 계속되는데도 하나님을 찾지 않습니다. 삼손이 태어날 때에도 이스라엘은 범죄를 저지름으로써 하나님을 떠나 있었습니다. 그리고 블레셋인들이 40년이나 이스라엘을 압제하고 있었습니다.

이야기의 초점은 단 지파의 한 가정으로 연결됩니다. 마노아의 가정인데, 그의 아내가 임신을 하지 못해 절망 가운데 있었습니다. 그때에 여호와의 사자가 아이의 출생을 알려줍니다.

이를 '수태고지(受胎告知)'라고 하는데, 성경에서 수태고지로 태어난 사람은 삼손, 세례요한, 예수님입니다. 바로 새로운 시대를 세워 나갈 하나님의 사람들이죠.

여호와의 사자는 마노아에게 "아들을 낳으리니 그가 이스라엘을 구원할 것"이라고 말합니다(13:5). 마치 예수님처럼 말이죠. 아이는 나실인으로 하나님께 받쳐진 사람이기에 구별되는 삶을 살 것을 부탁합니다.

여기에서 주목할 부분이 있습니다. 나실인의 규정은 당사자에게만 해당되는 것이 아니라 그의 부모에게도 해당된다는 사실입니다. 여호와의 사자는 13:4절에서 "마노아에게 포도주와 독주를 마시지 말고 부정한 것을 만지지 말라"고 합니다. 태어날 아이에게 부탁한 것이 아니라 부모인 마노아에게 부탁한 것입니다.

우리도 마찬가지입니다. 부모의 삶의 태도와 신앙관이 아이에게 미치는 영향이 중요합니다. 자신은 올바로 살지 못하면서 자녀에게 믿음의 삶을 강요하는 것은 말이 안 됩니다. 자녀의 인생을 걱정한다면 먼저 자기 자신을 돌보아야 합니다.

하나님께서 삼손을 나실인으로 구별된 삶을 살라고 명령하셨습니다. 특별히 부탁한 것은 머리에 삭도를 대지 말라는 것입니다(5절). 하나님의 사람으로 살 것을 당부하였다면, 말씀을 묵상한다거나 예배생활을 잘한다거나 신앙적 차원의 결단과 실천을 요구해야 하는데, 나실인의 삶으로 머리카락을 자르지 말라고 한 것은 참으로 이상한 일입니다.

하지만 여기에 거룩함의 의미가 숨겨져 있습니다. 삼손이 살면서 평생 머리에 삭도를 대지 않았다면, 그가 장성한 사람이 되었을 때에 적어도 1~2m의 장발을 유지했을 것입니다. 다시 말해, 삼손은 그 시대의 일반인들과는 분명 다른 외모를 하고 다녔을 것입니다.

나실인들에게 삭도를 대지 말라는 것이 어떤 율법적인 의미를 가진다기보다는 하나님의 사람임을 드러내라는 외적인 표지의 의미입니다. 동시에 순종의 의미이기도 합니다.

나실인들은 살아 있는 하나님의 편지였습니다. 그들을 통해 하나님을 떠났던 이스라엘 사람들뿐 아니라 이방 민족들에게도 하나님의 존재적 증거가 되었습니다. 이는 혼합주의에 물들었던 가나안 세대에게 다름의 삶을 살라는 하나님의 메시지인 동시에 다시 하나님께로 돌아오라는 회개로의 촉구입니다.

성경에 나오는 다른 나실인들이 있습니다. 사무엘 1:11절을 보면, 사무엘도 나실인으로 그려졌습니다. 사사시대의 마지막 인물과 왕정시대를 열었던 사무엘도 구별된 삶을 살았습니다.

또한 세례요한도 나실인의 삶을 삽니다. 누가복음 1:15절을 보면, 하나님은 포도주의 독주를 멀리하라고 말씀합니다. 세례요한 역시 나실인으로 살았음을 알 수 있습니다.

나실인은 하나님께 드려진 사람입니다. 하나님의 사람입니다.

하나님은 그들을 통해 말씀하셨고 놀라운 이들을 일으키셨습니다. 그렇다면 이 시대를 새롭게 하실 하나님의 방법은 역시 사람인데, 바로 나실인 된 그리스도인입니다. 우리 한 사람 한 사람이 나실인 된 그리스도인임을 잊지 말아야 합니다.

하나님은 종교다원주의와 세속적 혼합주의에 물들어 버린 이 사회의 한복판에서 다름으로 복음의 가치를 드러내는 나실인으로서의 삶을 요구하십니다. 우리를 교회 공동체로 부르신 하나님은 세상의 한복판에서 에클레시아(부름받은 사람들)로서의 공동체적 구별된 외적 행동을 요구하십니다.

하지만 우리에게서 복음의 다름이 발견되지 않고 거룩의 가치가 회복되지 않는다면 어떻게 될까요? 거룩의 실종은 곧 멸망입니다. 특별히 하나님은 남자들의 거룩함을 원하십니다. 각자의 자리에서 나실인 된 남자들이 거룩함으로 서 있기를 원하십니다.

남자들이 회복해야 할 것은 거룩함입니다. 그것은 단지 내적인 거룩함만을 의미하는 것이 아닙니다. 거룩은 단순히 눈에 보이지 않는 믿음의 차원만을 말하는 것이 절대 아닙니다.

삼손을 통해 드러난 거룩은 구별된 외적인 표지였습니다. 마찬가지로 구약에서 거룩함은 구별된 장소와 구별된 시간이라는 구체적인 것입니다. '안식일'이라는 시간과 '하나님을 예배하는 성소라는 공간'으로서의 거룩입니다.

하지만 가나안 세대는 거룩의 경계를 허물어뜨렸고, 그 가치를 혼탁하게 만들었습니다. 거룩이 무엇인지 깨닫지 못하게 하였습니다.

그러나 만약 남자들이 그리스도인으로서의 거룩의 능력을 회복한다면 상황은 달라질 것입니다. 이는 결코 쉬운 일이 아닙니다. 때로는 불편하고 불안하고 위험한 일입니다. 하지만 거기에 하나님의 능력이 있습니다. 거기에 가정과 교회와 사회의 소망이 있습니다. 거기에 복음의 회복이 달려 있습니다.

하나님의 영, 그 임재에 거하다

삼손에게는 특별한 능력이 있었습니다. 그것은 남들이 가지지 못한 거대한 힘입니다. 이는 이스라엘을 구원하기 위해 하나님께서 주신 특별한 은사입니다. 은사의 본질은 나를 위한 것이 아닙니다. 하나님의 나라와 의를 위한 것입니다. 은사의 사용에 있어서 중요한 것은 성령의 역사입니다.

나실인으로서 삼손의 인생에는 하나님의 영의 인도하심이 있었습니다. 삼손이 특별한 힘을 발휘하는 모든 현장, 즉 블레셋 사람들을 물리치고 사자를 죽이는 현장마다 여호와의 영이 함께 하였습니다. 성경은 여호와의 영이 삼손과 함께하였음을 총 네 차례에 걸쳐 밝힙니다.

먼저는 13:24-25절입니다. 여호와께서 막 태어난 삼손에게 복을 주셨습니다. 그리고 마하네단에서부터 여호와의 영이 그를 움직이기 시작합니다. 삼손은 하나님의 인도함을 받는 사람이었습니다. 비록 14장에서 보여 주는 첫 모습이 어이없게도 블레셋 여인을 좋아하여 그와 결혼하려 한 것이지만, 14:4절을 보면 이 또한 여호와 하나님으로부터 나온 일이었습니다. 삼손은 결혼식을 통해 블레셋 사람들을 치려 한 것입니다.

두 번째로 여호와의 영이 임한 사건은 14:6절에 나오는데, 사자가 갑자기 나타나 소리를 지르자 삼손이 손으로 사자의 입을 찢어 죽인 일입니다. 커다란 사자를 마치 작은 짐승 다루듯 삼손은 엄청난 힘을 발휘하는데, 여호와의 영이 강하게 임하였기 때문이라고 성경은 기록합니다.

세 번째 여호와의 영이 임한 곳은 결혼식장으로, 14:19절에 나옵니다. 삼손이 한 가지 수수께끼를 냅니다. 먹는 자에게서 먹는 것이 나오고 강한 자에게서 단 것이 나왔는데 이것이 무엇이냐는 것입니다. 사흘이 지나도록 블레셋 사람들이 수수께끼를 풀지 못하

자, 삼손의 아내를 겁박하여 답을 알아냅니다. 그 사실을 알고 삼
손은 아스글론에 내려가 블레셋 사람을 30명을 죽이고 그들의 옷
을 선물로 줍니다.

네 번째 여호와의 영이 임한 것은 15:14절인데, 나귀의 턱뼈로
블레셋 사람 1천 명을 죽인 싸움에서입니다. 레히에서 여호와의 영
이 강하게 임했고 삼손이 결박을 풀고 그들과 싸웠는데 놀라운 상
황이 연출됩니다.

사사기를 보면 여호와의 영이 삼손에게만 임한 것이 아닙니다.
11:29절에서 입다에게 임하고, 6:34절에서는 기드온에게도 여호
와의 영이 임합니다. 여호와의 영이 함께했을 때 그들은 담대히 나
아가 전쟁을 하였고 마침내 승리하게 됩니다.

삼손을 비롯한 여러 사사들에게 성령님이 임하셨고, 그때마다
민족을 구원하였습니다. 바로 남자가 이 시대를 능력 있게 살아가
기 위해 거룩함이 필요한데, 그 거룩함은 인간의 노력을 통해 오는
것이 아니라 성령님을 통해서입니다.

성령님의 인도하심이 있을 때, 성령님의 역사하심이 있을 때 남
자는 승리할 수 있습니다. 거룩한 영, 지혜의 영, 순결한 영이 함
께할 때 남자는 담대해질 수 있습니다.

그러나 여기에서 한 가지 의문점이 생깁니다. 구약에서는 왜 성령님이 항상 함께하시지 않고 한시적으로, 일시적으로 찾아오셨냐 하는 것입니다. 그리고 모두에게 임하신 것도 아니고 필요한 상황에 사람에게만 임하셨냐 하는 것입니다. 사사들을 비롯한 나실인에게, 또한 시대와 민족을 구원하기 위해 제한적인 사람들에게만 임하셨습니다.

그렇다면 오늘날 우리에게도 제한적으로 찾아오실까요? 결코 그렇지 않습니다.

행1:8 오직 성령이 너희에게 임하시면 너희가 권능을 받고 예루살렘과 온 유대와 사마리아와 땅 끝까지 이르러 내 증인이 되리라.

고전 3:16-17 너희는 너희가 하나님의 성전인 것과 하나님의 성령이 너희 안에 계시는 것을 알지 못하느냐. 누구든지 성령으로 아니하고는 예수를 그리스도라 고백할 수 없느니라.

예수님을 통하여 우리가운데 오신 성령님은 우리와 언제나 함께하십니다. 예수 그리스도를 구주로 고백하는 모두와 함께 하십니다. 성령님이 우리 안에 계실 때 삼손, 기드온, 입다와 같이 시대를 구원하는 하나님의 사람으로 쓰임 받는 사실을 기억해야 합니다.

믿음의 용기는 바로 여기에서 옵니다. 하나님이 나와 함께하신다는 확신입니다. 이것이 바로 혼합된 세상에서 하나님의 거룩함의 능력으로 살아가는 방법입니다. 우리의 노력으로 열심히 사는 것이 아니라 성령님의 능력으로 사는 것입니다.

성령님을 구하십시오. 성령님은 우리 안에 거하시며 일하시는 하나님입니다.

기도를 잃어버린 삼손, 유혹 앞에 무너지다

하나님께서 주시는 특별한 힘으로 살아가던 삼손. 하지만 그의 인생에도 시련은 찾아옵니다. 그것은 바로 인간적인 연약함이었습니다. 성령님의 인도함을 받는 사람이라 해도 완벽한 존재가 되는 것은 아닙니다.

바울조차도 육신에 속한 마음과 성령님이 주시는 두 마음이 싸운다고 고백했습니다. 진정한 성령의 사람은 자신의 연약함을 알고 그것을 위해 기도하는 사람입니다.

삼손의 연약함은 여자였습니다. 이성의 유혹 앞에서는 한없이 작아지는 한 마리 어린양이었죠. 하지만 삼손은 그런 유혹 앞에서 자신의 힘을 믿었습니다.

삼손의 이야기에서 그가 기도했던 장면이 두 번 등장합니다. 첫 번째 기도는 15:18절에 등장하는데, 삼손이 목이 말라서 기도를 합니다. 낙타의 턱뼈로 블레셋 병사 1천 명을 죽이고 목이 말라 하나님께 물을 달라고 기도합니다. 하나님은 그런 삼손의 기도를 들으시고 땅에서 물을 내었습니다. 그곳을 '엔학고레'라 불렀습니다.

두 번째 기도는 삼손의 간절한 기도였습니다. 16:28절에서 죽음을 앞두고 드린 기도인데, 자신의 재주를 보러온 3천 명의 블레셋 사람들과 함께 죽게 해달라고 기도합니다. 그리고 모든 사람들과 함께 최후를 맞이하죠.

결과적으로 보면 삼손을 두 번밖에 기도하지 않았습니다. 자신의 특별한 은사를 더 잘 활용할 수 있도록 더 많이 엎드리며 기도했어야 하는데, 삼손은 기도의 능력을 사용하지 않았습니다. 오히려 자신의 힘을 사용했죠. 어쩌면 힘이 세기 때문에 기도하지 않았는지도 모릅니다. 기도는 연약함의 표시이고 또한 순종의 표시이기도 합니다.

하나님의 영, 성령님을 움직이는 것은 기도입니다. 아무리 큰 은사와 능력을 가진 사람일지라도 기도가 필요합니다. 주님조차도 새벽마다 한적한 곳에서 아버지 하나님께 기도하였습니다. 능력이 없어서가 아닙니다. 능력이 굉장히 크기에, 그 능력을 남용하지 않고 하나님의 뜻대로 행할 수 있도록 구한 것입니다.

은사는 많은데 기도하지 않는다면 그 은사를 자신의 욕심을 채우는 것으로 이용되기 쉽습니다. 세상의 명예와 물질의 축적을 위해 사용할 수 있습니다. 능력을 온전히 감당할 수 있는 것은 기도밖에 없습니다.

삼손은 자신의 연약함을 위해서 기도해야 했습니다. 이성 앞에서 흔들리지 않도록, 그리고 나실인의 거룩함을 지킬 수 있도록 기도해야 했습니다. 하지만 그렇지 못했습니다.

삼손이 사랑한 여인은 총 세 명입니다. 14:1절에 결혼하려고 했던 딤나의 여인, 16:1절에 가사의 한 기생 여인, 그리고 16:4절에 나오는 소렉의 들릴라입니다. 특히 삼손은 들릴라에게 약했습니다. 어쩌면 약한 것이 아니라 온전하지 못한 것이라고 할 수 있습니다.

사단은 삼손이 이성문제에 온전하지 못하다는 사실을 이미 알고 있었습니다. 그리하여 계속해서 유혹하고 접근합니다. 그리고 그를 무너뜨립니다.

사단은 우리의 약점을 너무나 잘 압니다. 성적인 유혹, 돈, 외모, 멋진 인생, 칭찬과 인정, 학벌과 지혜, 그것들에 우리가 넘어진다는 것을 너무나 잘 알고 있습니다.

16:16-17절에서 들릴라는 삼손에게 그 힘의 근원이 무엇인지 날마다 묻습니다. 거짓된 사랑을 무기로 삼손을 공격합니다. 삼손은 결국 그의 힘의 근원이 머리카락에 있다고 말해 줍니다.

그날 밤 삼손의 머리카락은 잘려 나갔고 블레셋 군인들에게 잡히게 됩니다. 하지만 여기가 중요한 대목입니다. 16:20절을 보면 여호와께서 삼손을 떠나고 있음을 알려줍니다. 여호와의 영이 떠났습니다. 나실인으로 살라고 했는데, 부정한 것, 즉 포도주를 가까이 하지 말고, 머리에 삭도를 대지 말라고 했는데, 모두 다 어겼습니다. 나실인 됨을 포기했습니다.

그 결과 삼손은 눈이 뽑히고 블레셋의 감옥에 갇히게 됩니다. 그 감옥에서 맷돌을 돌리는 비참한 인생이 됩니다. 블레셋 사람들은 자신들의 신, 다곤 신의 축제일에 삼손을 불러냅니다. 16:23-25절에서 삼손은 블레셋 사람들 앞에서 재주를 부립니다. 조롱거리가 되었습니다. 하나님의 영이 떠나고 능력을 잃어버린 사람, 세상 앞에서 조롱거리가 되어 버린 우리의 모습이기도 합니다.

거룩함을 잃어버릴 때 성도는 신앙생활을 온전히 할 수 없습니다. 구별된 삶, 따로 떼어 놓은 시간과 공간의 삶을 살지 않을 때 우리는 세상으로부터 다가오는 유혹에 넘어질 수밖에 없습니다.

그리고 믿는 사람들에게 조롱거리가 됩니다. 네가 믿는 하나님이 어디 계시냐고, 천국이 어디 있냐고, 예배가 무슨 소용이냐고 웃음거리가 될 수밖에 없습니다.

그리고 부정과 부패, 거짓의 자리에 함께하게 됩니다. 거룩함의 능력을 잃어버렸기 때문에 그들과 전혀 다를 바 없는 삶을 살게 됩니다.

남자들이 회복해야 할 것이 무엇일까요? 거룩함입니다. 세상과 다름의 삶을 살아가는 것입니다. 그것은 개인의 노력으로 이루어지는 것이 아니라 성령님의 도우심이 절대적으로 필요합니다. 그 성령님과 동행하기 위해서 엎드려 기도하는 겸손의 자세가 필요합니다. 거룩함의 회복이 곧 우리와 가정과 교회와 이 세상의 회복임을 기억해야 합니다.

남자, 그 거룩함의 존재

성경의 시대에 오늘날이나 혼합주의는 신앙을 무너뜨리는 가장 큰 적입니다. 쾌락과 성공을 좇는 사람들 속에 그리스도인들이 자신의 믿음을 지키고 사는 일은 결코 쉽지 않습니다.

하지만 누군가는 하나님의 존재와 말씀의 능력을 드러내야 합니다. 하나님은 시대의 나실인들을 찾고 계십니다. 거룩함으로 무장한 남자들이 필요합니다.

1 혼합주의를 경계하라

가나안의 문화는 이스라엘을 성적인 타락으로 인도했습니다. 사사시대에 이스라엘은 이방의 문화가 들어와 무엇이 하나님을 예배하는 삶인지 깨닫지 못했습니다. 신실한 리더들이 사라질 때 백성들은 방황할 수밖에 없습니다.

2 나실인, 거룩함의 기준이 되다

나실인은 외적인 삶의 구별된 특징을 가지고 있습니다. 믿음은 보이지 않는 것이지만, 동시에 보이는 것이기도 합니다. 다른 사람과는 무엇인가 다른 한 가지로 하나님의 존재를 드러내는 사람입니다. 거룩은 내적인 속성만이 아니라 하나님을 향한 외적인 행동이기도 합니다.

3 하나님의 영, 그 임재에 거하다

삼손의 능력은 그 자신에게서 나온 것이 아니라 하나님의 영이 임할 때 함께했습니다. 하나님의 영을 통해 하나님의 일들을 행할 때 이루어진 것입니다. 반대로 자신을 위한 삶을 선택했을 때는 유혹과 실패의 삶을 살았습니다. 하나님의 영이 강력한 능력의 원천입니다.

4 기도를 잃어버린 삼손, 유혹 앞에 무너지다

자신을 의지하는 사람은 기도하지 않습니다. 하지만 스스로 할 수 없다고
고백하는 사람은 기도합니다. 하나님께 기도하고 매달리는 사람이 바로
강력한 사람입니다. 하나님의 힘으로 사는 사람이 시대를 움직입니다.

06 남자,
영웅을 꿈꾸다

사무엘상 2:18-26

18 사무엘은 어렸을 때에 세마포 에봇을 입고 여호와 앞에서 섬겼더라
19 그의 어머니가 매년 드리는 제사를 드리러 그의 남편과 함께 올라갈 때마다 작은 겉옷을 지어다가 그에게 주었더니
20 엘리가 엘가나와 그의 아내에게 축복하여 이르되 여호와께서 이 여인으로 말미암아 네게 다른 후사를 주사 이가 여호와께 간구하여 얻어 바친 아들을 대신하게 하시기를 원하노라 하였더니 그들이 자기 집으로 돌아가매
21 여호와께서 한나를 돌보시사 그로 하여금 임신하여 세 아들과 두 딸을 낳게 하셨고 아이 사무엘은 여호와 앞에서 자라니라
22 엘리가 매우 늙었더니 그의 아들들이 온 이스라엘에게 행한 모든 일과 회막 문에서 수종 드는 여인들과 동침하였음을 듣고
23 그들에게 이르되 너희가 어찌하여 이런 일을 하느냐 내가 너희의 악행을 이 모든 백성에게서 듣노라
24 내 아들들아 그리하지 말라 내게 들리는 소문이 좋지 아니하니라 너희가 여호와의 백성으로 범죄하게 하는도다
25 사람이 사람에게 범죄하면 하나님이 심판하시려니와 만일 사람이 여호와께 범죄하면 누가 그를 위하여 간구하겠느냐 하되 그들이 자기 아버지의 말을 듣지 아니하였으니 이는 여호와께서 그들을 죽이기로 뜻하셨음이더라
26 아이 사무엘이 점점 자라매 여호와와 사람들에게 은총을 더욱 받더라

남자,
그가 머물러야 할
장소

사무엘

    퇴계 이황 선생님을 다룬 책 〈함양과 체찰〉에 나온 이야기입니다. 이황은 조정의 부름을 여러 차례 받았지만 관직을 내려놓고 학문과 후학 양성에 매진하고자 소수서원으로 들어왔습니다.

    그에게 여러 제자들이 있었는데, 그중에 기명언이란 제가가 스승을 찾아와 나라의 부름을 받았다며 상경하겠고 말합니다. 이에 이황은 제자에게 이렇게 말합니다.

    "무르익지 않은 공부로 높은 관직을 바라지 말라."

    자신의 인격과 실력이 미진한 줄도 모르고 높은 곳을 바라보는 제자를 향한 당부입니다.

    '자리가 사람을 만든다'고 합니다. 실력과 인격이 조금 부족하더라도 그 자리에 오래 머물다 보면, 자리에 맞는 생각과 행동을 하게 된다는 뜻이죠. 하지만 그 자리에 오랫동안 머물도록 하는 것은 또 다른 문제입니다. 자리가 사람을 만들지만, 동시에 사람이 자리를 빛나게 하는 것입니다. 자신이 어디에 머물러야 하는 줄 아는 것이 지혜입니다. 실력보다 높은 자리를 탐하지 않는 것이 미덕이죠.

사무엘의 인생을 읽어 낼 수 있는 키워드는 바로 '자리'입니다. 그가 머물렀던 자리를 살펴보면, 그의 인생이 어디로 향하는지 알게 됩니다.

한나, 기도의 자리에 서다

남자의 자리는 일차적으로 자라 온 삶의 배경에서 비롯됩니다. 특별히 부모님의 삶의 자리가 많은 영향을 미치죠. 사무엘의 출생 이야기를 보면 ,그의 부모가 머물던 삶의 자리가 어디였는지를 깨닫게 됩니다. 그의 어머니 한나가 머물렀던 자리는 항상 기도의 장소, 예배의 자리, 다시 말하면 하나님 앞이었습니다.

사무엘의 아버지 엘가나에게는 두 명의 아내가 있었습니다. 한나와 브닌나입니다. 엘가나는 한나를 사랑했지만, 그녀는 임신하지 못했습니다. 반면 브닌나는 아들을 있었고 상대적으로 행복한 시간을 보냅니다.

아들을 하나님의 축복으로 여기던 당시 시대적 상황을 생각할 때, 한나가 큰 슬픔에 빠졌을 것을 생각해 볼 수 있습니다. 그녀는 아들을 낳지 못한 슬픔의 마음과 상대적인 열등감을 가지고 하나님 앞에 나아갑니다.

1장에 보면 한나가 여호와 앞에 있음을 알 수 있습니다. 세 번에 걸쳐 여호와 앞이라는 구절이 등장합니다.

1:12 여호와 앞에 오래 기도하는 동안……
1:15 여호와 앞에서 내 심정을 통한 것뿐이오.
1:19 여호와 앞에 경배하고 돌아가……

한나의 마음은 늘 '여호와 앞에' 있었습니다. 그녀는 여호와 앞에 서 오랜 시간 동안 엎드려 기도합니다. 자신의 슬픔을 다른 사람에게 하소연하고 풀기보다 하나님께 들고 나와 엎드립니다.

'~앞에'라는 히브리어 '리프네이'는 '얼굴'을 뜻하는 '파님'이라는 단어에서 파생되었습니다. 다시 말해, 여호와 앞은 장소의 개념이지만 동시에 관계적인 개념입니다. 바로 하나님 면전을 의미합니다. 한나는 여호와 앞, 하나님의 얼굴 앞에서 문제를 해결하고자 합니다.

 하나님 앞에 서는 사람은 강력한 사람입니다. 진솔한 사람입니다. 그리고 겸손한 사람입니다. 슬픔을 인간적인 방법으로 해결하지 않고 하나님께 나아가 눈물로 씨름하는 사람이야말로 진정한 그리스도인이며 성숙한 사람입니다. 문제의 해결이 사람의 손에 달려 있지 않고 하나님의 손에 있음을 알기 때문입니다.

 한나의 자리는 늘 기도하는 자리였습니다. 그녀의 삶은 여호와 앞을 중심으로 움직입니다. 가장 우선시 되는 장소에서 삶을 계획하고 반성하고 다시 일어섭니다. 그 거룩한 장소가 한나의 삶을 세워 나갑니다.

 한나의 눈물 어린 기도를 듣고 있던 제사장 엘가나는 그녀가 술에 취한 것이라 생각했습니다. 백성들의 간절한 기도를 깨닫지 못하는 엘리 제사장, 그의 영적인 상태가 얼마나 타락했는지를 잘 알 수 있는 대목입니다. 한나의 사정을 알게 된 엘 리가 그녀를 축복하며 하나님께서 응답할 것이라고 말합니다. 한나는 엘리의 말을, 하나님의 응답을 받아들입니다. 그리고 바로 이렇게 서원하죠.

1:22 아이를 낳으면 여호와 앞에 뵙게 하고 거기서 영원히 있게 하리이다.

한나는 자신이 여호와 앞에 있었듯이 아들도 여호와 앞에서 자라 도록 하겠다고, 하나님께 드림으로 나실인의 삶을 살도록 하겠다 고 서원합니다.

자녀의 인생을 부모가 좌지우지 하는 것은 바람직하지 않습니 다. 하지만 삶을 살아가는 자세와 태도, 또 신앙의 기본을 세워 주 는 것은 부모의 중요한 역할입니다.

엘리, 자기 자리에만 머물다

사무엘이 한나의 기도로 태어나지만, 그가 성장한 곳은 엘리의 가정이었습니다. 하나님의 응답으로 아들을 낳은 한나는 사무엘이 어느정도 자라자 제사장에게 보내어 성장하게 합니다. 엘리는 당 시 이스라엘의 대제사장으로, 모든 백성들을 대표하여 하나님 앞 에 제사를 집례하는 사람이었습니다.

하지만 한나의 가정과 엘리의 가정에는 큰 차이가 있습니다. 직분으로 보면 대제사장인 엘리의 집안이 더욱 하나님 보시기에 기뻐하고 쓰임 받는 가정이 되어야 하겠지만, 성경은 그렇게 말하지 않습니다. 엘리의 가정은 점점 하나님으로부터 멀어집니다. 두 가정의 가장 결정적인 차이는 부모가 머무르는 자리가 달랐다는 점입니다.

엘리에게 홉니와 비느하스라는 두 명의 아들이 있었습니다. 아버지의 대를 이어 이스라엘의 대제사장이 될 인물들입니다. 그런데 말씀을 보면 엘리의 두 아들 홉니와 비느하스의 행동이 선하지 못했습니다.

2:12 엘리의 아들들은 행실이 나빠 여호와를 알지 못하더라.

2:17 이 소년들의 죄가 여호와 앞에 심히 큼은 그들이 여호와의 제사를 멸시함이었더라.

2:22 엘리가 매우 늙었더니 그의 아들들이 온 이스라엘에게 행한 모든 일과 회막 문에서 시종 드는 여인들과 동침하였음을 듣고……

왜 그랬을까요? 아버지가 대제사장인데, 가장 위대한 하나님의 사람인데, 아들들은 왜 타락했을까요? 너무나 아이러니한 대목입니다.

두 아들은 하나님을 알지 못했습니다. 또 백성들이 나아와 함께 드리는 제사를 비웃듯이 행동합니다. 제물을 날것을 먹고 예배를 돕는 여인들과 성 관계를 합니다. 그들은 하나님을 두려워하지 않습니다. 백성들을 사랑하지 않습니다. 제사장의 모습으로는 도저히 상상할 수 없는 행동을 합니다.

왜 그랬을까요?

성경을 통해 유추해보면 이유는 한 가지입니다. 살아오면서 하나님을 진실로 예배하는 모습을 보지 못했기 때문입니다. 믿음의 자리가 어디이고 하나님을 어떻게 사랑하고 백성들을 이끌어야 하는지 보지 못했기 때문입니다. 다시 말하면 그의 부모, 엘리가 하나님 앞을 떠나 있기 때문입니다. 엎드리며 겸손히 하나님과 대면하는 모습을 보이지 않았기 때문입니다.

성경에 보면, 신실한 부모님 밑에서 자라는 아이들의 삶이 엉망인 경우가 많습니다. 좋은 가문에서 훌륭한 믿음의 교육을 받고 자랐기에 남들보다 더욱 성장하고 성숙해야 하는데도 불구하고 자기 멋대로인 경우가 많습니다. 참 아이러니 할 수밖에 없습니다.

반대로 눈물과 고통의 시간을 보내 온 가정에서 자란 아이들이 하나님께 쓰임 받습니다. 어려운 상황에서도 끝까지 하나님을 신뢰한 삶을 보게 됩니다.

이유는 한 가지입니다. 믿음의 부모이지만, 사실은 진실하지 않았다는 것입니다. 남에게 인정받고 대단하게 보일 수 있을지 몰라도, 실상은 자녀들에게 존경받지 못할 정도로 신앙과 인격 면에서, 또는 영적인 면에서도 그리 대단하지 않다는 반증입니다.

가정을 올바로 다스리지도 못하면서 공동체와 나라를 다스리는 것은 어불성설입니다. 디모데 전서에서도 교회의 직분자를 뽑을 때 자녀를 잘 키운 사람이라고 명시되어 있음을 기억해야 합니다.

엘리 아들들의 타락은 부모에게 책임이 있습니다. 한나는 기도하는 자리 예배하는 자리에 머물러 있었지만 엘리 제사장은 그렇지 않았다고 성경이 말합니다. 엘리 제사장이 머물러 있는 자리를 보면 참 재미있습니다.

3:2 엘리의 눈이 점점 어두워 가서 잘 보지 못하는 그때에 그가 〈자기〉 처소에 누웠고……

4:13 그가 이를 때는 엘리가 길 옆 〈자기〉의 의자에 앉아 기다리며 그의 마음이 하나님의 궤로 말미암아 떨릴 즈음이라 그 사람이 성읍에 들어오며 알리매 온 성읍이 부르짖는지라.

4:18 하나님의 궤를 말할 때에 엘리가 〈자기〉 의자에서 뒤로 넘어져 문 곁에서 목이 부러져 죽었으니 나이가 많고 비대한 까닭이라 그가 이스라엘의 사사가 된 지 사십 년이었더라.

엘리는 늘 자기 자리에 있었습니다. 살이 찌도록 그 의자에 머물러 있었어요. 사무엘이 하나님의 음성을 듣는 시간에도 엘리는 자기 처소에 머물러 있습니다. 깨어서 기도하고 하나님과의 교제를 하는 것보다 그는 비대한 모습으로 침대에서 자고 있었습니다.

블레셋과 전쟁하는 위중한 상황에서도 엘리는 나라와 민족을 위해서 기도하지 않고, 자기 의자에 앉아 걱정만 하고 있었습니다. 홉니와 비느하스의 눈에 보이는 아버지 엘리의 모습은 늘 자기 의자에 앉아만 있는 모습이었습니다. 백성들에게 하나님의 말씀을 전하거나 예배드리는 모습이 아니라 게으르고 둔한 모습이었습니다.

엘리는 하나님을 의식하지 않았고, 하나님께 드리는 예배를 소홀히 했습니다. 눈물로 기도하는 백성들이 술에 취했다고 생각할 정도로 영적으로 어두웠습니다. 엘리의 가정은 하나님 앞에 서 있지 않는 가정이었습니다. 자기 자리에만 눌러앉은 신앙의 게으름은 자신뿐만 아니라 나라를 병들게 하고 가정을 병들게 했습니다.

사무엘, 여호와 앞에서 살다

하지만 사무엘은 늘 하나님 앞에 있었습니다. 하나님을 섬기는 삶을 살았습니다. 그의 어머니, 한나의 바람처럼 기도의 자리, 말씀의 자리에 머물러 있었습니다.

한나는 일 년에 한두 번 아들을 만나러 왔는데, 정성껏 예배하고 기도한 뒤에 점점 성장해 가는 사무엘에게 매년 옷을 가져다주었습니다. 사무엘이 본 어머니 한나의 모습은 여호와 앞에서 신실하게 기도하며 예배하는 모습이었습니다.

2:18 사무엘은 에봇을 입고 여호와를 섬겼습니다.
2:21 아이 사무엘은 여호와 앞에서 자라니라.

어린 사무엘은 여호와 앞에서 자랍니다. 하나님을 바라보며 성장합니다.

남자의 인생에서 어떤 삶의 모델을 만나느냐는 무척 중요합니다. 부모를 통해서 배우는 삶도 있고, 스승과 영적 모델을 통해서 배우는 삶도 있습니다. 인생의 스승들을 통해 자신을 다듬어 나아가고 돌아보게 됩니다. 좋은 멘토와 스승을 가진 남자는 성장할 수밖에 없습니다.

사무엘은 다른 스승이 아닌 바로 하나님을 통해서 살아가는 법을 배웁니다. 하나님을 닮아 가도록 예배와 기도의 삶을 배웁니다. 하나님의 음성을 듣는 법과 순종하는 법을 배웁니다.

하나님을 닮아가는 사람이라면 얼마나 강력한 인생이 될까요? 날마다 하나님을 의식하고 동행하며 사는 인생인데, 얼마나 대단한 삶일까요? 하나님께서 직접 코치하고 인도하는 삶이라면 절대로 실패할 수 없습니다.

성경의 여러 인물들이 있지만 인생의 마지막까지 죄의 길에 서지 않고 끝까지 충성했던 인물은 몇 명 안 됩니다. 그중에서 사무엘은 거의 유일한 존재입니다.

사무엘이 하나님의 음성을 듣기 시작합니다. 그가 성전에 누워 있는데 하나님께서 사무엘을 부르십니다. "사무엘아, 사무엘아." 하나님이 부르십니다.

하나님의 음성을 처음 들었던 사무엘은 엘리 제사장이 부른 줄 알고 달려갑니다. 엘리는 자기 처소에 머물고 있습니다. 사무엘은 언약궤 가까이에서 머물러 있었습니다. 엘리는 자신이 부르지 않았다고 말합니다.

사무엘이 돌아가 다시 궤 가까이 있는데 또 말씀이 들려옵니다. "사무엘아, 사무엘아." 사무엘은 또다시 엘리에게 달려갑니다. 그때 엘리는 하나님께서 사무엘을 부르신 줄 알았습니다. 그리곤 하나님께 응답하는 법을 가르쳐줍니다.

"주님, 제가 여기 있습니다. 말씀 하옵소서, 주의 종이 듣겠습니다."

사무엘의 이름은 '듣다'라는 뜻을 지닌 '쉐마'와 '하나님'이라는 뜻을 지닌 '엘'의 합성어입니다. 다시 말하면 하나님의 말씀을 듣는 사람, 하나님의 음성을 듣는 사람이라는 뜻입니다.

사무엘은 하나님의 말씀을 듣는 사람으로, 여호와 앞에 있습니다. 하나님께서 엘리 제사장 집에 대한 말씀을 전해 줍니다. 이제 사무엘은 여호와를 직접 대면하며 대화하는 사람입니다.

남자가 머물러야 하는 곳이 어디일까요? 바로 하나님의 음성을 들을 수 있는 그 자리입니다. 하나님의 말씀이 선포되는 그곳에 머물러야 합니다. 자신의 일상에서도 하나님의 말씀 앞에 머물러 있는 시간이 필요합니다. 세상의 소리에 귀를 닫고 오직 하나님의 말씀에만 반응할 수 있는 장소가 필요합니다.

지금 나는 엘리처럼 내 자리에 머물러 있는 사람인지, 영적으로 나태하고 게을러서 하나님의 말씀을 듣지도 못한 사람인지를 돌아보아야 합니다. 남자가 하나님의 말씀을 듣고 반응하기 시작할 때 그 가정과 공동체와 민족에 희망이 솟아오릅니다. 우리가 머물러야 할 곳은 '하나님 앞'입니다.

사무엘, 하나님의 말씀을 전파하다

3:19 사무엘이 자라매 여호와께서 그와 함께 계셔서 그의 말이 하나도 땅에 떨어지지 않게 하시니 20 단에서부터 브엘세바까지의 온 이스라엘이 사무엘은 여호와의 선지자로 세우심을 입은 줄을 알았더라. 21 여호와께서 실로에서 다시 나타나시되 여호와께서 실로에서 여호와의 말씀으로 사무엘에게 자기를 나타내시니라.

남자가 하나님의 음성을 듣고 일어설 때 백성이 함께 일어설 수 있습니다. 기준이 무너져 내리는 사사시대에는 하나님의 말씀으로 기준을 세워 주는 것이 필요했습니다.

하지만 그 누구도 하나님의 말씀을 듣는 이가 없었습니다. 엘리 제사장이 이스라엘을 이끌 때 그들은 암흑 속에서 살 수밖에 없었습니다. 오랜 세월 동안 하나님의 말씀을 들어본 적이 없었습니다. 절망과 좌절의 연속이었습니다.

하지만 사무엘의 등장으로 이스라엘은 다시 희망의 빛을 보기 시작합니다. 그의 말 하나하나가 곧 하나님의 말씀이었습니다. 단에서 브엘세바까지 모든 백성들이 사무엘을 여호와의 선지자로 인정했습니다.

하나님은 사무엘을 통하여 말씀하셨고 사무엘을 통해서 스스로

를 드러내셨습니다. 이것이 남자의 사명입니다. 하나님의 말씀을
선포하며 하나님의 기준을 제시하고 존재로 하나님의 증거하는 사
람, 그런 남자가 필요합니다.

사무엘의 인생은 하나님 앞에서 살아온 인생입니다. 그가 출생
한 자리가 기도의 자리, 하나님 앞이었듯이, 또한 그의 마지막도
하나님 앞에 있음을 알 수 있습니다.

성경에 많은 인물들이 등장하지만, 시작부터 마지막까지 온전
히 하나님께 붙들리어 살아온 사람은 많지 않습니다. 모두가 실수
를 범하거나 죄를 짓고 하나님의 마음을 아프게 했습니다. 하지만
사무엘만큼은 그렇지 않았습니다. 사무엘의 마지막은 그의 유언을
보면 잘 알 수 있습니다.

12:3 내가 여기 있나니 여호와 앞과……
12:7 내가 어떻게 행동을 했는지 여호와 앞에서 너희와 담론 하리라.

사무엘은 이스라엘 백성 앞에서 자신이 늘 여호와 앞에 있었음을
고백합니다. 그의 모든 공적인 삶과 또 사적인 삶이 하나님 앞에서
의 시간이었다고 고백합니다.

그리고 지금은 연로하여 비록 지도자의 자리에서 물러나지만,
그동안 그가 했던 기도의 사역과 하나님을 향한 예배는 쉬지 않겠

다고 말합니다. 사무엘은 철저히 하나님을 바라보며 살아왔고 그의 마지막도 하나님을 놓지 않았습니다.

남자의 자리는 어떠한 지위나 위치를 말하는 것이 아닙니다. 평생을 일하고 살아온 곳을 떠나더라도, 그것이 인생의 은퇴와 퇴장을 말하는 것이 아닙니다. 사람들 앞에서는 물러가는 것처럼 보이지만, 하나님 앞에서 우리의 삶을 지속해야 합니다.

하나님 앞에서의 삶은 영원합니다. 따라서 사람들이 볼 때나 보지 않을 때에도 늘 하나님 앞에 서 있음을 자각하는 것이 중요합니다.

남자, 그가 머물러야 할 장소

자리가 사람을 만듭니다. 꼭 그런 것은 아니지만 신앙생활에 있어서는 상당 부분 일치합니다. 삶의 자리가 어디인지에 따라 인생이 달라질 수 있습니다.
자리는 단지 장소를 말하는 것이 아닙니다. 바로 관계적인 의미이기도 합니다. 누구와 함께 있는지, 누구 앞에 서 있는지, 남자의 자리는 그의 삶을 대변합니다.

1 한나, 기도의 자리에 서다

그녀에는 간절함이 있었습니다. 그 간절함이 기도의 자리로 향하게 합니다. 때로는 하나님이 주시는 시험과 고난이 우리를 하나님 앞으로 안내할 때가 있습니다. 그곳에서 씨름하다보면, 하나님의 뜻을 자연스레 발견하게 됩니다. 한나는 기도의 자리에서 해답을 얻습니다.

2 엘리, 자기 자리에만 머물다

리더의 자리는 매우 중요합니다. 그가 하나님의 음성을 듣지 못한다면, 백성들도 하나님의 말씀을 들을 수 없습니다. 그가 성장하지 않는다면, 백성들도 성장하지 못합니다. 리더는 늘 깨어서 기도하는 자리에 머물러 있어야 합니다. 하지만 엘리는 자기 자리에만 앉아 있었습니다.

3 사무엘, 여호와 앞에서 살다

사무엘은 하나님의 음성을 듣기 시작합니다. 여호와 앞에 머물러 있었기 때문이죠. 어린 나이이지만 사무엘을 통해 다시 공동체에 희망이 솟아오릅니다. 하나님의 음성을 듣는 사람, 하나님의 말씀 앞에 머물러 있는 사람이 공동체를 살립니다. 남자는 여호와 앞에 서 있는 사람입니다.

4 사무엘, 하나님의 말씀을 전파하다

사무엘의 등장은 곧 이스라엘의 희망이었습니다. 하나님은 그와 함께했고, 백성들은 그를 통해 하나님의 말씀을 알아갔습니다. 존재로 하나님의 살아계심의 증거가 되는 사람, 사무엘과 같은 사람이 이 시대에 필요합니다.

07 남자,
영웅을 꿈꾸다

사무엘상 17:41-49

41 블레셋 사람이 방패 든 사람을 앞세우고 다윗에게로 점점 가까이 나아가니라
42 그 블레셋 사람이 둘러보다가 다윗을 보고 업신여기니 이는 그가 젊고 붉고 용모가 아름다움이라
43 블레셋 사람이 다윗에게 이르되 네가 나를 개로 여기고 막대기를 가지고 내게 나아왔느냐 하고 그의 신들의 이름으로 다윗을 저주하고
44 그 블레셋 사람이 또 다윗에게 이르되 내게로 오라 내가 네 살을 공중의 새들과 들짐 승들에게 주리라 하는지라
45 다윗이 블레셋 사람에게 이르되 너는 칼과 창과 단창으로 내게 나아 오거니와 나는 만군의 여호와의 이름 곧 네가 모욕하는 이스라엘 군대의 하나님의 이름으로 네게
나아가노라
46 오늘 여호와께서 너를 내 손에 넘기시리니 내가 너를 쳐서 네 목을 베고 블레셋 군대의 시체를 오늘 공중의 새와 땅의 들짐승에게 주어 온 땅으로 이스라엘에 하나님이 계신 줄 알게 하겠고
47 또 여호와의 구원하심이 칼과 창에 있지 아니함을 이 무리에게 알게 하리라 전쟁은 여호와께 속한 것인즉 그가 너희를 우리 손에 넘기시리라
48 블레셋 사람이 일어나 다윗에게로 마주 가까이 올 때에 다윗이 블레셋 사람을 향하여 빨리 달리며
49 손을 주머니에 넣어 돌을 가지고 물매로 던져 블레셋 사람의 이마를 치매 돌이 그의 이마에 박히니 땅에 엎드러지니라

남자,
하나님을
바라보는 사람

다윗

너새니엘 호손이 말년에 쓴 단편소설로, 〈큰 바위 얼굴〉이 있습니다. 어니스트라는 어린 소년이 어머니로부터 마을의 한 전설을 듣게 됩니다. 바위 언덕에 새겨진 큰 바위 얼굴을 닮은 사람이 태어나 훌륭한 인물이 된다는 것입니다.

그 인물을 만나고 싶었던 소년은 마을을 방문하는 유명한 사람들을 찾아다닙니다. 돈이 많은 부자, 싸움을 잘하는 군인, 정치인, 시인을 만났지만, 결국 그들이 큰 바위 얼굴을 닮지 않았음을 발견합니다. 그렇게 시간은 한참 흘렀고, 그를 만나고 싶은 소망도 점차 사라져 갑니다.

세월의 무게를 안고 살아가는 어느 날, 마을 사람들은 어니스트의 설교를 통해 그가 곧 큰 바위 얼굴임을 알게 됩니다. 어릴 적부터 큰 바위 얼굴을 동경하며 그 바위를 닮은 사람이 나타나길 간절히 바랐던 어니스트가 전설의 사람이 된 것입니다.

남자는 자신이 바라보는 대상을 닮게 되어 있습니다. 무엇을, 그리고 누구를 바라보느냐가 남자의 인생을 크게 좌우합니다.

오늘날 남자가 처한 위기 가운데 하나는 바로 목표의 부재, 방향의 상실입니다. 무엇을 바라보고 살아야 하는지 모른 채 그저 열심히 살아가는 것은 위험합니다. 자신의 소견대로 올바른 방향을 향해 뛰어가지만, 그 종착역이 결국 각자의 욕망과 세상의 욕망이었음을 뒤늦게야 깨닫게 됩니다.

이러한 상황 속에서 다윗은 자신의 위치를 잃어버리고 살아가는 수많은 남자들에게 인생의 목적이 무엇인지를 다시 깨닫게 합니다. 다윗이 바라보는 것은 진정 무엇이었을까요?

무의미한 일상, 반복되는 게으름

김남준 목사님의 〈게으름〉이라는 책이 있습니다. 바쁘게 살아도 방향 없이 사는 삶을 게으른 삶이라 말하죠. 잠언 26:14절에 이렇게 기록되어 있습니다.

"문짝이 돌쩌귀를 따라서 도는 것 같이 게으른 자는 침상을 도느니라."

게으름을 설명하면서 왜 문짝의 경첩을 이야기할까요? 문은 경칩을 따라서 하루 종일 움직입니다. 아주 바쁘게 움직입니다. 문이 매순간 부지런히 움직이는 것처럼 보이지만, 정작 자신의 틀에서 벗어나지 못합니다. 바쁘게 살아가지만 반복되는 일상의 계속되는 삶을 성경에서는 '게으름'이라고 합니다.

남자의 위기는 여기에 있습니다. 바로 '올바른 방향, 목표의 상실'입니다. 오늘날 남자의 위기는 남자가 무엇을 위해 살아야 하는지를 잘 모르는 것에 있습니다.

대학을 바라보다가, 직장을 바라보다가, 그리고 결혼을 바라보다가, 아이를 바라보다가 매일을 열심히 살아왔지만 결국 자신을 잃어버린 삶을 후회합니다. 바쁘지 않은 삶을 '실패한 삶', '남들보다 뒤쳐진 삶'이라 생각하는 사회는 분명 무엇인가 잘못되어 있습니다. 우리 사회는 무엇을 향해 열심히 해야 하는지를 설명해 주지 않습니다.

하지만 다윗은 우리에게 올바른 방향을 전해줍니다. 다윗의 인생을 한마디로 말하자면, '하나님께 목숨 거는 삶'이었습니다. 하나님을 바라보는 삶입니다.

남자는 무엇엔가 목숨을 거는 존재입니다. 사랑하는 아내와 가족, 또 자기 일과 직장을 위해서 땀을 흘리며 사는 존재입니다. 남자는 그가 바라보는 것을 향해 노력하며 열정을 쏟아낼 때 가장 멋이 있습니다. 하지만 무엇을 바라볼지는 곰곰이 생각해 보아야 합니다. 자신의 행복을 어디에서 찾을지, 인생의 의미를 무엇에서 찾을지를 고민해 보아야 합니다.

남자는 목숨 거는 존재

저는 서른 중반을 바라보는 짧은 인생이지만, 가장 기억에 남는 예배를 꼽으라면 육군 훈련소에서 드렸던 예배입니다. 육군훈련소 예배는 20대 초반의 혈기왕성한 청년들이 모여서 하나님을 찬양합니다. 그 찬양 소리가 얼마나 웅장한지, 정말 장관입니다. 찬양과 기도에서 젊은이들의 순수한 열정과 진솔한 감정을 느낍니다.

세상과 단절하고 고된 훈련 속에서 자신과 싸워가는 남자의 시간은 세상 그 무엇도 감당할 수 있도록 스스로를 단련시킵니다. 그런 남자들의 예배는 파워가 있습니다. 더 이상 두려울 것이 없습니다. 걱정할 것도 없습니다. 그저 바라보며 소리치고 하나님을 향해 전심으로 나아갑니다.

그것이 전부입니다. 전심으로, 온 마음을 다해 하나님을 찬양하고 외치는 것, 그것이 바로 진짜 남자의 예배입니다. 하나님만 바라보며 전진하는 것, 그것이 바로 진짜 남자의 신앙입니다.

다윗은 철저히 하나님께 목숨 거는 존재였습니다. 다윗의 싸움이 얼마나 무모했는지 우리는 잘 압니다. 하나님만 바라보는 사람에게 골리앗은 눈에 들어오지도 않습니다.

사무엘상 17장에는 다윗이 골리앗과 싸우는 장면이 나옵니다. 이스라엘과 블레셋이 전쟁을 하는데, 서로 싸우지는 않고 40일간이나 대치합니다.

블레셋 장수였던 골리앗이 날마다 하나님을 욕하고 이스라엘을 비난합니다. 하지만 모두가 골리앗을 두려워하여 감히 싸움을 시작하지 못합니다. 17장 11절과 24절에 보면 이스라엘 사람들이 두려움에 도망하고 있다고 기록합니다.

그때 어린 다윗은 아버지의 심부름으로 형들에게 음식을 가져다주려고 그 전쟁터를 찾아갑니다. 그리고 골리앗이 비난하는 소리를 듣게 됩니다.

다윗은 분노하였고 골리앗과 싸우겠다고 자처합니다. 그리고 상대도 되지 않는 골리앗을 향해 돌진합니다. 이것이 남자의 믿음입니다.

이 장면에서 우리는 오늘날 교회와 세상의 관계를 봅니다. 오늘날 교회를 비난하고 하나님을 욕하는데 우리는 담대하게 맞서지 못합니다. 오히려 두려워하거나 피하는 것 같은 인상을 줍니다. 마치 골리앗과 같이 거대하게 보이는 세상의 힘 앞에 덜덜덜 떠는 것 같습니다. 골리앗이 들었던 큰 창과 칼과 방패를 보고, 이스라엘 백성 모두가 두려워하는 것과 같이 우리도 두려워합니다.

하지만 하나님께 목숨 거는 다윗은 그렇지 않았습니다. 남자의 신앙은 그런 것이 아닙니다.

다윗은 골리앗에게 나아갑니다. 그와 맞서 싸우기 위해 나아갑니다. 45절에 보면 하나님에 대한 그의 믿음이 얼마나 큰지 나옵니다.

"너는 칼과 창과 단창으로 나오지만, 나는 만군의 여호와 하나님의 이름으로 나아가노라."

47절에 보면, "여호와의 구원은 칼과 창에 있지 않다. 전쟁은 여호와께 속한 것이다." 하고 외치며 나아가는 다윗의 모습이 나옵니다. 하지만 그가 들었던 무기는 고작 돌멩이 몇 개뿐이었습니다.

골리앗은 칼을 들고 나오는데, 다윗은 하나님의 이름으로 나아가며 돌멩이 몇 개를 들고 갑니다. 골리앗은 힘으로 싸우지만 다윗은 믿음으로 싸우려고 합니다. 골리앗은 군대를 의지하지만, 다윗은 하나님을 의지합니다.

남자는 세상과 맞서 싸우는 존재입니다. 하지만 그들과 다른 방법으로 맞서 싸웁니다.

바울은 에베소서 6장에서 "우리의 싸움은 혈과 육이 아니요. 통치자들과 권세자들과 이 어둠을 주관하는 자들과 하늘에 있는 악한 영들과의 싸움"이라고 말합니다. "하나님의 전신갑주를 입으라. 진리의 허리띠, 의의 호심경, 복음의 신, 믿음의 방패, 구원의 투구, 말씀의 검을 가지라."고 합니다.

남자는 하나님을 위하여 목숨 걸고 싸우는 사람입니다. 하지만 그 방법은 세상의 것과 다릅니다. 진리로 무장하고, 복음으로 무장하고, 말씀으로 무장한 사람입니다.

그것이 비록 다윗이 돌멩이처럼 보잘 것 없이 보일 수도 있습니다. 하지만 남자는 자신의 전부를 걸고 나아갑니다. 믿음의 야성으로 다가섭니다. 남자는 무모해 보이지만 하나님의 영광을 위하여 나아가는 존재입니다.

익숙한 것으로 맞장 뜨기

골리앗과의 싸움에서 생각해 볼 것이 있습니다. 다윗이 사용한 무기인데, 그는 물매를 가지고 돌멩이 다섯 개를 손에 쥐고 나아갑니다.

사울왕은 다윗에게 갑옷을 입히고 투구를 씌우고 칼을 잡게 하였습니다. 하지만 다윗에게 익숙한 도구들이 아니었습니다. 17:39절을 보면, 다윗이 군복을 입고 시험적으로 걸어보더니 사울왕에게 "익숙하지 않아 사용할 수 없겠다."고 말합니다.

다윗은 평소에 양과 염소를 지키면서 사용했던 물매를 들고 싸우러 갑니다. 우리가 물매를 과소평가 할 수 있는데, 사사기에 보면 베냐민 지파에는 물매를 사용하는 600명의 용사가 있었다고 기록합니다. 물매는 어린 아이들의 장난감이 아니라 전쟁에서 살상용으로 사용되던 강력한 무기였습니다.

이 대목에서 다윗이 왜 돌멩이 다섯 개를 주워서 갔을까를 생각해봅니다. 골리앗에게 물매를 날리다가 하나가 실패하면 다른 돌을 사용하려고 한 걸까요?

아닙니다. 일촉즉발의 전쟁 상황에서 한 번의 실패는 곧 죽음을 의미합니다. 다윗은 사자와 곰을 물매로 쓰러뜨렸던 경험이 있습니다. 다윗은 그 역시 하나님의 도움이라고 고백합니다.

다윗은 자신을 지키시고 도우시는 하나님에 대한 강한 확신이 있었습니다. 지금까지 인도하시는 하나님이 이번 싸움에서도 함께 하신다는 확신이 있었습니다. 이러한 그의 믿음으로 다윗은 골리앗을 향해서도 단 한 번의 물매를 사용할 것입니다. 그럼 나머지 네 개의 돌멩이는 왜 들었을까요?

역대상 20:4-8절을 보면 다윗이 승리하였던 블레셋과의 다른 전쟁이 기록되어 있습니다. 다윗의 군대가 물리친 블레셋의 장수들 가운데 네 명의 거인들이 더 있음을 알 수 있습니다.

십브개가 죽였던 거인의 아들 십배, 엘하난이 죽인 골리앗의 아우 라흐미, 가드에서 요나단이 죽인 손가락과 발가락이 각각 6개였던 거인, 가드의 키 큰 자의 소생들이 있었습니다.

즉, 추측해 보건대 다윗은 다섯 개의 물맷돌로 다섯 명의 블레셋 거인을 모두 죽이려 했던 것입니다. 하나님과 하나님의 군대인 이스라엘을 모욕하는 그들을 용서하지 않으려는 다윗의 모습입니다.

남자는 하나님께 목숨 거는 존재이고 하나님을 위해 살아가는 사람입니다. 하나님의 이름이 모욕당할 때, 자신에게 익숙한 그것으로 하나님의 이름을 높이며 영광을 돌리는 사람입니다.

그렇다면 남자에게 필요한 것이 무엇일까요? 대단한 힘과 높은 지위, 많은 돈이 아닙니다. 자신이 잘하고 익숙한 것, 하나님께서 주신 은사와 능력을 잘 활용할 수 있는 그 무엇이 필요합니다. 그것은 자신을 위한 것이 아니라 하나님을 위한 것입니다.

하나님을 바라보며 살아가는 남자는 위기의 상황을 뚫고 나갈 강력함이 있습니다. 먼저는 하나님이 주신 힘이며, 그다음은 그동안 열심히 노력하며 살아온 자신의 삶입니다.

하나님 앞에서 춤추며 노래하다

다윗이 골리앗과의 싸움에서만 하나님을 바라보았을까요? 아닙니다. 그의 인생 전체가 그랬습니다. 그는 모든 전쟁마다 하나님께 기도하며 승리합니다. 모든 싸움마다 하나님을 의지합니다. 왜일까요? 전쟁은 하나님께 속한 것임을 알았기 때문입니다.

그는 많은 땅과 보화를 얻었습니다. 40년 동안 이스라엘을 통치하며 위대한 왕으로 성장합니다. 하지만 하나님을 향한 다윗의 마음은 변하지 않습니다. 하나님께 목숨 거는 다윗의 모습은, 그가 왕이 되었을 때 가장 분명하게 드러납니다.

다윗이 왕이 되고 난 뒤에 가장 먼저 한 일은 하나님의 언약궤를 자신의 궁으로 모시는 일입니다. 자신은 좋은 집에서 지내는데 하나님의 언약궤가 들판에 있음을 안타까워합니다. 사무엘하 6장을 보면 자세히 나옵니다.

언약궤를 가지고 오기 위해 3만 명의 사람을 선별합니다. 그리고 바알레유다에 있는 하나님의 궤를 새 수레에 싣고 돌아옵니다. 다윗과 이스라엘의 온 족속이 모든 악기를 동원하여 찬양하면서 돌아옵니다. 그 광경은 정말 장관이었을 것입니다.

하지만 언약궤가 나곤의 타작마당에 당도하자 수레를 몰던 소들이 갑자기 뛰게 됩니다. 수레를 몰던 웃사가 하나님의 언약궤를 안전하게 붙잡았는데, 그 일로 웃사는 죽게 됩니다. 웃사가 죽자 다윗은 두려웠고, 언약궤를 그곳 오벧에돔의 집에 머물게 합니다.

하나님을 향한 다윗의 열정은 본받을 만합니다. 하지만 열정만큼 중요한 것은 올바름입니다. 나의 기쁨과 소망으로 하나님을 찬양하며 예배하는 것보다 하나님이 받드시기에 합당한 것으로 나아가는 것이 더욱 중요한 것입니다. 목적이 선하다면 과정도 선해야 합니다.

일의 목적과 동기도 중요하지만, 그와 함께 과정도 중요합니다. 그리스도인의 삶은 목적과 과정 모두에서 성결해야 합니다. 출애굽의 과정을 보면 하나님의 궤를 이동시킨 것은 수레가 아니라 레위인들이었습니다. 레위인들 중에서도 구별된 고핫 자손들만이 어깨에 메고 조심스럽게 이동할 수 있었습니다. 구별된 이들을 통하여서 하나님의 거룩함을 드러내야 했습니다.

그러나 수레를 하나님의 궤를 옮긴 것은 이방 민족, 특히 블레셋 사람들의 행위였습니다(삼상7장). 하나님을 향한 열정이 가득하다면, 그 열정을 풀어내는 방법도 반드시 거룩해야 합니다.

다윗은 하나님께서 오벧에돔의 집을 축복한 사실을 알고 출애굽의 과정처럼 레위인들을 통하여 다시 하나님의 궤를 운반합니다. 먼저 소와 살진 송아지로 제사를 드립니다.

그리고 다윗은 에봇을 입고 하나님 앞에서 전심으로 춤을 춥니다. 언약궤가 자신의 성안으로 들어올 때 다시 한 번 다윗은 하나님 앞에서 춤을 춥니다.

다윗이 춤추자, 모든 백성들이 함께 춤을 추며 찬양합니다. 왕의 예배는 백성들의 예배로 이어집니다. 리더의 행동은 그를 따르는 모든 팔로워들에게 영향을 미치는 것이죠.

다윗의 평생에 단 한 가지 소원은 하나님을 예배하는 일이었습니다. 모든 상황에서도 하나님을 예배하는 일을 놓치지 않았습니다. 우선순위가 분명했기에 다윗의 삶은 흔들리지 않았으며, 그를 따르는 백성들도 하나님을 예배합니다.

이것이 바로 남자의 모습입니다. 하나님을 향하여 올바르게 나아가고자 할 때 남자는 주변을 감동시킵니다. 함께하는 이들에게 선한 영향력을 행사합니다.

마지막까지 하나님을 향하여

다윗의 마지막 소원은 한 가지입니다. 바로 성전건축입니다. 다윗이 전쟁으로 얻은 많은 금은보화를 가지고 하나님을 예배할 수 있는 성전을 건축하고자 합니다. 자신이 정복한 나라들로부터 나무와 물품을 조공 받아 성전을 짓기 위해 애씁니다. 다윗의 삶, 중심에는 언제나 하나님을 향한 예배가 있었습니다.

자신의 마지막 인생을 성전 건축에 올인 합니다. 역대상 22:1-5절을 보면 가장 많이 나오는 단어가 바로 '준비하고'입니다. 성전에 쓸 돌을 다듬고, 성전문짝을 위하여 철을 준비하고, 놋을 준비하고, 백향목을 준비하고, 많은 금과 은을 준비했습니다. 14절에는 그가 성전을 위하여 금 10만 달란트, 은 100만 달란트를 드린 모습이 나옵니다.

만반의 준비를 마쳤습니다. 다윗이 꿈꾸는 세상은 모든 백성들이 하나님을 예배하는 세상입니다. 하나님의 이름이 영광스러워지는 것을 꿈꿉니다.

많은 남자들은 자신의 원하는 것을 이루거나 성공을 맛보면 타락합니다. 권력과 명예와 돈에 취해서 삽니다. 평범한 남자들은 그렇게 삽니다.

하지만 위대한 남자들은 그렇지 않습니다. 다윗은 성공에 취하지 않았고, 재물에 취하지 않았으며, 권력에 취하지 않았습니다. 이유가 무엇일까요? 그 모든 것보다 더 위대한 하나님을 바라보고 있기 때문입니다.

남자가 실패하지 않기 위해서는 분명한 목표와 원칙이 있어야 합니다. 성공과 실패도 자신이 이룬 업적에 따라 평가받기 보다는 그가 꿈꾸던 목표에 얼마나 가까이 다가갔는지를 생각해야 합니다.

다윗은 자신의 자손들이 왕이 되면 무엇에 타락할지를 알았습니다. 그래서 아들 솔로몬에게 돈을 많이 두지 말고, 여자를 많이 두지 말고, 군대를 많이 두지 말라고 경고합니다. 돈, 권력, 이성으로 망하는 수많은 리더들을 보면서, 다윗은 그것을 쫓지 말라고 아들에게 말합니다.

그러면서 하나님의 말씀을 가까이하고, 하나님께서 그동안 행하신 일들을 열심히 읽으라고 말합니다. 그리고 솔로몬에게 자신을 대신하여 성전을 건축하라는 유언을 남깁니다.

이것이 일류와 삼류의 차이입니다. 다윗은 하나님을 위하여 살았습니다. 하나님의 이름과 영광을 위하여 살았습니다. 그 영광스러움을 꿈꾸며 살았습니다. 자신의 영광을 위하여 사는 사람은 그

것과 함께 멸망하고 맙니다.

결정적인 실수, 그다음

그렇다고 다윗이 완벽한 인간일까요? 그런 것은 절대 아닙니다. 우리가 잘 아는 것처럼 그는 자신의 부하, 우리야의 아내, 밧세바를 빼앗습니다. 범죄를 저지릅니다. 하지만 다윗의 위대함은 죄를 짓고 난 다음, 그가 보여 준 행동에서 나옵니다.

나단 선지지가 '부자와 가난한 사람의 이야기'를 통하여 다윗이 가난한 사람의 염소 한 마리를 빼앗은 사람이라고 지적합니다. 다윗은 그 이야기를 듣고 즉시 회개합니다.

회개는 빠를수록 좋습니다. 자신의 잘못을 지적해 주는 누군가가 있다면, 남자는 실수와 실패 앞에서 다시 일어설 수 있습니다. 주변의 조언을 경청하며 고쳐 나갈 수 있다면, 남자는 위대함으로 나아갈 수 있습니다.

시편 51편입니다.

1. 하나님이여 주의 인자를 따라 내게 은혜를 베푸시며 주의 많은 긍휼을 따라 내 죄악을 지워 주소서.

2. 나의 죄악을 말갛게 씻으시며 나의 죄를 깨끗이 제하소서.

3. 무릇 나는 내 죄과를 아오니 내 죄가 항상 내 앞에 있나이다.

4. 내가 주께만 범죄하여 주의 목전에 악을 행하였사오니 주께서 말씀하실 때에 의로우시다 하고 주께서 심판하실 때에 순전하시다 하리이다.

5. 내가 죄악 중에서 출생하였음이여 어머니가 죄 중에서 나를 잉태하였나이다.

6. 보소서 주께서는 중심이 진실함을 원하시오니 내게 지혜를 은밀히 가르치시리이다.

7. 우슬초로 나를 정결하게 하소서 내가 정하리이다. 나의 죄를 씻어 주소서 내가 눈보다 희리이다.

　회개는 고통스러운 과정입니다. 나를 인정하고 나의 범죄를 직시하며 받아들이는 것은 결코 쉬운 일이 아닙니다.

　다윗의 회개 기도를 보십시오. 그가 하나님 앞에서 얼마나 진지하게 살아왔는지를 다시 한 번 잘 보여 줍니다. 하나님 앞에서 저지른 범죄로 인해 얼마나 많이 고통스러워하는지 보여 줍니다. 왕이기에 어느 누구라도 빼앗을 수 있고 그럴 권한도 있지만, 그 죄로 인해 얼마나 힘들어 하는지 보여 줍니다.

　자신의 잘못을 인정하고 회개의 눈물을 흘리는 남자가 진정한 남자입니다. 자신의 실수를 겸허하게 인정하고 용서를 구하는 남자가 강한 남자입니다.

"남자는 누구를 위해서 사는가?"라는 질문보다 "남자는 누구 앞에서 서 있는가?"가 중요합니다. 돈 앞에 서 있는가? 인기 앞에 서 있는가? 성공 앞에 서 있는가?

아닙니다. 남자는 하나님 앞에 서 있습니다. 코람데오 신앙을 가지고 살아가는 존재입니다. 하나님을 두려워하며 살아가는 존재입니다. 하나님의 시선을 의식하며 살아가는 존재입니다.

진정한 남자는 하나님 앞에서 자신을 돌아보는 사람이며, 하나님 앞에서 머리 숙일 줄 아는 사람입니다.

다윗을 통하여 남자를 살펴보았습니다. 남자의 시선은 늘 하늘에 고정되어 있어야 합니다. 그의 시선을 땅으로 내리는 순간, 남자는 타락하게 됩니다. 방향을 잃게 됩니다. 평생 주군을 모시고 살아가는 충성스러운 장수처럼 하나님의 영광스러움으로 살아가길 바랍니다.

남자, 하나님을 바라보는 사람

하나님 앞에서 다윗과 같이 열정적인 사람은 없습니다. 그는 하나님을 위해서 살았습니다. 삶의 모든 순간마다 하나님의 시선에 사로잡혀 있었습니다. 그래서 강력할 수 있었습니다.

1 남자는 목숨 거는 존재

남자는 무엇인가에 올인 할 때가 가장 멋있습니다. 한 가지 일에 열정을 쏟아부을 때, 남자는 존재의 의미를 발견하게 됩니다. 사랑도, 일도, 그렇게 살아가는 남자가 상황을 변화시킵니다.

2 익숙한 것으로 맞장 뜨기

골리앗과 싸우는 다윗의 모습은 너무나 위태로워 보입니다. 작은 체구에, 돌멩이 몇 개에 자신의 운명을 겁니다. 하지만 그에게는 최적화된 싸움의 상태입니다. 가장 편하고 익숙한 그것으로 골리앗을 무너뜨립니다. 자신만의 무기, 장점, 재능. 그것이 하나님을 위해 사용될 때 남자는 골리앗 앞에서도 당당할 수 있습니다.

3 하나님 앞에서 춤추며 노래하다

다윗은 하나님을 예배하는 신실한 사람이었습니다. 그가 남긴 무수한 시편들은 그의 믿음이 어땠는지 잘 보여 줍니다. 언약궤 앞에서 어린아이처럼 춤을 추는 다윗의 모습에서 예배자는 누구인지 깨닫게 됩니다. 하나님 앞에서 춤추는 어린 아이. 하나님을 기쁘시게 하는 사람. 그가 예배자입니다.

4 마지막까지 하나님을 향하여

그는 수많은 전쟁에서 승리하고 많은 재산을 모았습니다. 하지만 자신을 위해서 사용하지 않고, 오직 성전을 건축하는데 전부 드립니다. 다윗의 마지막이 아름다웠던 것은 스스로 그 영광을 취하지 않았다는 데에 있습니다. 또한 초심을 잃지 않고 끝까지 하나님만 바라보았다는 데에 있습니다.

5 결정적인 실수, 그다음

다윗이 완벽한 인간은 아니지만, 남자들이 따라야 할 좋은 모델인 것은 분명합니다. 실수를 하고 나서 보여 준 다윗의 모습은 남자들에게 큰 귀감이 될 것입니다. 실수는 할 수 있지만, 실패는 해서 안 됩니다. 하나님 앞으로 다시 돌아오는 것이 매우 중요합니다.

08 남자, 영웅을 꿈꾸다

느헤미야 1:1-11

1. 하가랴의 아들 느헤미야의 말이라 아닥사스다 왕 제이십년 기슬르월에 내가 수산 궁에 있는데

2. 내 형제들 가운데 하나인 하나니가 두어 사람과 함께 유다에서 내게 이르렀기로 내가 그 사로잡힘을 면하고 남아 있는 유다와 예루살렘 사람들의 형편을 물은즉

3. 그들이 내게 이르되 사로잡힘을 면하고 남아 있는 자들이 그 지방 거기에서 큰 환난을 당하고 능욕을 받으며 예루살렘 성은 허물어지고 성문들은 불탔다 하는지라

4. 내가 이 말을 듣고 앉아서 울고 수일 동안 슬퍼하며 하늘의 하나님 앞에 금식하며 기도하여

5. 이르되 하늘의 하나님 여호와 크고 두려우신 하나님이여 주를 사랑하고 주의 계명을 지키는 자에게 언약을 지키시며 긍휼을 베푸시는 주여 간구하나이다

6. 이제 종이 주의 종들인 이스라엘 자손을 위하여 주야로 기도하오며 우리 이스라엘 자손이 주께 범죄한 죄들을 자복하오니 주는 귀를 기울이시며 눈을 여시사 종의 기도를 들으시옵소서 나와 내 아버지의 집이 범죄하여

7. 주를 향하여 크게 악을 행하여 주께서 주의 종 모세에게 명령하신 계명과 율례와 규례를 지키지 아니하였나이다

8. 옛적에 주께서 주의 종 모세에게 명령하여 이르시되 만일 너희가 범죄하면 내가 너희를 여러 나라 가운데에 흩을 것이요

9. 만일 내게로 돌아와 내 계명을 지켜 행하면 너희 쫓긴 자가 하늘 끝에 있을지라도 내가 거기서부터 그들을 모아 내 이름을 두려고 택한 곳에 돌아오게 하리라 하신 말씀을 이제 청하건대 기억하옵소서

10. 이들은 주께서 일찍이 큰 권능과 강한 손으로 구속하신 주의 종들이요 주의 백성이니이다

11. 주여 구하오니 귀를 기울이사 종의 기도와 주의 이름을 경외하기를 기뻐하는 종들의 기도를 들으시고 오늘 종이 형통하여 이 사람들 앞에서 은혜를 입게 하옵소서 하였나니 그 때에 내가 왕의 술 관원이 되었느니라

남자의
눈물은 역사를
세운다

느헤미야

시대가 바뀔 때마다 리더십의 모습도 함께 변화합니다. 강력한 카리스마를 가진 절대군주의 남성적 리더십이 필요할 때가 있고, 조용하지만 따뜻하게 관계적으로 문제를 풀어 나가는 여성적 리더십이 필요할 때도 있습니다.

오늘날의 사회와 교회의 위기는 곧 리더십의 위기라 볼 수 있습니다. 시대와 사람들이 요구하는 리더십에 얼마나 가까이 다가 설 수 있는지에 따라 공동체의 운명이 좌우되기 때문입니다.

성경에 많은 신앙의 인물들이 등장하지만, 느헤미야와 같이 신실한 리더십을 보여 준 인물은 그리 많지 않습니다. 그의 리더십의 유형을 한마디로 요약하라면 '솔선수범형 섬김의 리더십'입니다. 때로는 강력하게, 또 때로는 지혜롭게 인내하며 상황을 해결해 나갑니다.

그의 리더십은 눈물로부터 시작합니다. 민족을 향하여 애통해 하는 느헤미야의 리더십은 남자가 무엇을 위해 울어야 하는지를 잘 보여 줍니다. 그럼 느헤미야를 통해 남자의 리더십을 살펴보겠습니다.

남자, 공동체를 위해 애통하다

느헤미야가 살았던 때는 유다가 멸망하고 약 100여 년 정도 지난 후입니다. 그는 포로시대에 태어났습니다. 그리고 페르시아의 수도인 수산궁에서 자랍니다. 그는 포로민의 3세 정도 됩니다.

먼 타국으로 끌려와 노역하며 살아온 할아버지와 아버지를 보며 어린 시절을 보냈습니다. 어떠한 꿈과 희망도 가질 수 없는 척박한 환경에서 자랐습니다. 하지만 하나님은 느헤미야를 통해 이스라엘을 다시 일으켜 세우시려는 계획을 가지고 있었습니다.

느헤미야를 통하여 이스라엘을 다시 회복시키는 과정을 보면, 한 사람의 깨어 있는 리더십이 얼마나 중요한지를 깨닫게 됩니다. 그리고 이 시대의 남자들이 가져야 할 진정한 리더십이 무엇인지를 알게 됩니다.

믿음의 리더는 어떤 사람일까요? 한마디로 말하자면, 하나님의 음성을 듣는 사람입니다. 자신이 살아가고 있는 시대와 상황에서 하나님이 무엇을 의도하고 계시는지를 분별하는 사람입니다. 하나님의 뜻이 어디에 있는지를 묻는 사람이며, 그것을 이루기 위해 몸부림치게 됩니다.

특별히 교회 공동체 안에서의 리더들은 더욱더 그래야 합니다. 교회를 향한 하나님의 뜻이 무엇인가를 끊임없이 되묻는 사람이어야 합니다. 리더들이 하나님의 음성을 분별하지 못하고 하나님의 뜻을 구하지 않고 인간적인 생각과 방법대로 판단하고 행동한다면, 그가 속한 공동체가 흔들릴 것은 분명합니다. 어쩌면 지금의 교회가 직면한 위기가 곧 리더십의 위기에서 시작된다고도 볼 수 있습니다.

느헤미야, 눈물로 나아가다

무너진 나라와 민족들을 세워가는 하나님의 방법을 사람입니다. 하나님 앞에서 눈물로 기도하는 사람입니다. 느헤미야는 자신의 민족을 사랑했습니다. 애통의 마음을 가졌습니다. 자신이 속한 공동체의 아픔을 자신의 아픔으로 여기는 사람이 리더입니다. 쓰임 받는 사람의 첫 번째 특징은 이러한 '애통함'입니다.

1:2 내 형제들 가운데 하나인 하나니가 두어 사람과 함께 유다에서 내게 이르렀기로 내가 그 사로잡힘을 면하고 남아 있는 유다와 예루살렘 사람들의 형편을 물은즉 3 그들이 내게 이르되 사로잡힘을 면하고 남아 있는 자들이 그 지방 거기에서 큰 환난을 당하고 능욕을 받으며 예루살렘 성은 허물어지고 성문들은 불탔다 하는지라. 4 내가 이 말을 듣고 앉아서 울고 수일 동안 슬퍼하며 하늘의 하나님 앞에 금식하며 기도하여.

하나니가 예루살렘을 다녀와서 소식을 전하는데, 예루살렘 성은 무너지고 성문을 불타고 남은 사람들은 큰 환란과 능욕을 당한다고 말합니다. 이 말을 전해들은 느헤미야는 며칠을 눈물로 보냅니다.
그리고 하나님께 금식하며 기도합니다. 느헤미야는 나라가 무너진 것에 대한 아픔이 있었습니다. 예루살렘 성이 무너지는 것에 대한 깊은 슬픔이 있었습니다.

여러분은 어떤 문제 때문에 눈물로 기도합니까? 한국 교회와 민족, 북녘의 동포들, 세계에 흩어져 있는 민족들을 위해서 눈물로 기도합니까? 나라의 정치와 경제 문제를 놓고 애통해 합니까? 학교 교육의 현장과 아이들을 바라보면서 눈물을 흘립니까?

남자의 눈물은 자신을 넘어서는 그 무엇을 향하여 있을 때 능력을 발휘합니다. 남자의 애통은 자신을 살리며 동시에 공동체를 회복시킵니다. 무엇을 위해서 애통할 것인지가 남자의 운명을 좌우합니다. 남자는 애통함으로 인생을 개척하며 위기를 뚫고 나갈 원동력을 얻습니다.

6 이제 종이 주의 종들인 이스라엘 자손을 위하여 주야로 기도하오며 우리 이스라엘 자손이 주께 범죄한 죄들을 자복하오니 주는 귀를 기울이시며 눈을 여시사 종의 기도를 들으시옵소서 나와 내 아버지의 집이 범죄하여 7 주를 향하여 크게 악을 행하여 주께서 주의 종 모세에게 명령하신 계명과 율례와 규례를 지키지 아니하였나이다

느헤미야는 그저 통곡만 하는 사람이 아니었습니다. 책임지는 마음으로 나아가는 사람이었습니다. 자신은 알지도 못하고 보지도 못한 수많은 조상들의 죄를 대신 회개하며 하나님 앞에 나아갑니다. 민족의 죄를 들고 하나님 앞에 나아갑니다. 이것이 쓰임 받은 사람의 두 번째 모습입니다.

문제의 원인을 정확히 보고 있으며, 그것을 피하지 않고 감당하고자 나서는 사람입니다. 얼마만큼 책임질 수 있느냐가 그 사람의 크기입니다. 감당할 수 있는 그릇의 크기가 중요합니다. 공동체의

전체를 자신의 허물로 여기며 주야로 회개하는 자, 리더가 됩니다.

11 주여 구하오니 귀를 기울이사 종의 기도와 주의 이름을 경외하기를 기뻐하는 종들의 기도를 들으시고 오늘 종이 형통하여 이 사람들 앞에서 은혜를 입게 하옵소서 하였나니 그때에 내가 왕의 술 관원이 되었느니라.

그때에 느헤미야는 아닥사스다왕의 신임을 얻고 바사(페르시아)의 술 관원이 됩니다. 성경에서 가장 높은 지위에 오른 사람 가운데 한 명입니다. 눈물로 애통하며 죄를 자복하자 하나님께서 그를 높은 곳으로 세우십니다.

리더를 꿈꾼다면, 그 공동체를 사랑하고 가슴으로 품을 줄 알아야 합니다. 이전의 모든 잘못을 방관하는 것이 아니라, 자신의 문제로 여기며 품어야 합니다. 하나님은 그런 사람을 주목하십니다.

남자, 무너진 성을 세우다

느헤미야가 술 관원이 되고 4개월 정도 지났습니다. 왕이 느헤미야의 표정이 좋지 않음을 보고 무슨 일인지 묻습니다. 하지만 느헤미야의 대답이 뜻밖입니다. 자기의 고향, 조상들의 성이 무너지고 성문이 불탔기에 그 성을 건축하게 해달라고 요청합니다.

느헤미야의 비전은 무너진 예루살렘 성을 건축하는 것입니다. 성벽을 세우는 일입니다. 이 일을 위해 눈물로 기도했고, 왕의 술 관원이 되어서도 늘 가슴 깊은 곳에 품고 있었습니다.

왕은 이러한 느헤미야의 요청을 들어줍니다. 그리고 그는 페르시아에 남아 있던 유대인들 약 5만 명을 데리고 예루살렘으로 떠납니다.

예루살렘으로 돌아온 느헤미야는 한밤중에 성을 한 바퀴 돕니다. 상황은 생각보다 심각했습니다. 무너진 성벽의 돌들이 여기저기 널브러져 있습니다. 지나갈 길이 없을 정도로 훼파되었습니다.

무너진 성을 쌓는 일은 결코 쉽지 않습니다. 기초돌을 다시 드러내고 하나씩 다듬어 다시 세우는 일은 처음 성을 지을 때보다 두 배 이상의 힘이 듭니다. 또한 패배감과 자괴감에 빠진 이스라엘 포로민들에게 새로운 동기와 힘을 불어넣는 것도 만만치 않습니다.

하지만 느헤미야는 하나님께서 주신 마음을 붙잡았습니다. 자신이 지금 처한 상황의 어려움을 보고 좌절하지 않았고, 위기를 뚫고 나갑니다. 무너진 성을 세우는 것은 하나님의 뜻이기 때문입니다. 하나님은 무너진 공동체를 다시 일으키시길 원하십니다. 말씀의 기초가 무너지고 신앙의 기초가 무너져 가는 공동체를 다시 세우길 원하십니다.

이사야 58:12 네게서 날 자들이 오래 황폐된 곳들을 다시 세울 것이며 너
는 역대의 파괴된 기초를 쌓으리니 너를 일컬어 무너진 데를 보수하는 자라
할 것이며 길을 수축하여 거할 곳이 되게 하는 자라 하리라.

　하나님은 우리를 향하여 "무너진 데를 보수하는 자"라 말씀합니
다. "길을 수축하여 거할 곳이 되게 하는 자"라고 말씀합니다.
　그리스도인들은 세상의 타락과 부패로 무너져 가는 사회와 공동
체를 다시 원래대로 일으켜 세우는 사람입니다. 하나님의 정의와
사랑으로 다시 세우기를 원하십니다. 하지만 이 일은 결코 한두 사
람이 할 수 없습니다. 함께해야 합니다.

함께하는 능력을 경험하라

　3장에 보면 성을 건축한 사람들이 등장합니다. 75개 가문과 15가
지 이상의 직업이 나옵니다. 제사장, 상인, 정치인, 장사꾼…… 각
양각색의 사람들이 함께 모여 하나님의 성을 재건합니다.
　3장에서 가장 많이 등장하는 단어는 '그다음은'입니다. 누구와

어느 가문이 어디까지 세우고 '그다음은', 누구와 어느 가문이 어디까지 세우고 '그다음은'…….

하나님의 일은 혼자 하는 것이 아니라 함께하는 것입니다. 협력하는 것입니다. 각자가 가지고 있는 은사와 능력을 가지고 자신에게 주어진 일만큼 하는 것입니다. 모든 것을 다하려는 욕심과 영웅주의는 필요 없습니다. 자신의 역할이 끝나면 다음 사람에게 넘겨주기만 하면 됩니다.

에베소서 2:21-22절에는 성전이 어떻게 건축되는지 기록합니다. 서로 연결하여서 하나님의 처소가 되기 위하여 예수님 안에서 함께 짓는 것입니다. 건물은 그렇게 연결됩니다.

이처럼 리더의 역할은 사람들의 마음을 모아 하나의 비전을 향해 달려가게 하는 것입니다. 목표와 방향을 정해 주는 것입니다. 리더는 모든 일을 전부하는 사람이 아니라 사람들을 연결하고 조직하여 같은 방향을 향해 협력하도록 돕는 사람입니다.

느헤미야와 백성들이 성을 건축하는 과정이 그리 순탄했던 것은 아닙니다. 방해꾼들이 등장한 것입니다. 4장에 보면 '산발랏, 도비야, 게셈'이 나와 건축을 방해합니다. 음모를 일으키고 왕에게 거짓 상소를 올려 하다못해 전쟁까지 일으킵니다.

4:7 산발랏과 도비야와 아라비아 사람들과 암몬 사람들과 아스돗 사람들이 예루살렘 성이 중수되어 그 허물어진 틈이 메꾸어져 간다 함을 듣고 심히 분노하여 8 다 함께 꾀하기를 예루살렘으로 가서 치고 그 곳을 요란하게 하자 하기로……

하나님의 사역에는 방해꾼이 있습니다. 우리가 기도하며 이루려고 할 때 악한 영들은 우리를 방해합니다. 그 일을 이루지 못하도록 우리를 막습니다. 그럴 때에는 어떻게 해야 할까요? 왜 방해하느냐고 하나님을 원망하시겠습니까?

아닙니다. 감사해야 합니다. 방해가 있다는 것은 그 일이 하나님이 원하신다는 분명한 증거이기 때문입니다. 하나님이 원하시는 일에 악한 영들의 방해가 있는 것은 당연합니다. 오히려 순탄하면 이상한 것입니다. 어쩌면 그것은 하나님이 원하는 일이 아닐 수 있습니다.

4:16 그때로부터 내 수하 사람들의 절반은 일하고 절반은 갑옷을 입고 창과 방패와 활을 가졌고 민장은 유다 온 족속의 뒤에 있었으며 17 성을 건축하는 자와 짐을 나르는 자는 다 각각 한 손으로 일을 하며 한 손에는 병기를 잡았는데 18 건축하는 자는 각각 허리에 칼을 차고 건축하며 나팔 부는 자는 내 곁에 섰었느니라.

하지만 느헤미야는 쉽게 굴복하지 않습니다. 건축의 현장에서 칼과 방패를 들고 일을 합니다. 전쟁과 건축을 병행하여 일을 진행해 나갑니다. 방해가 있다고 물러선다면, 주변의 위협이 있다고 물러선다면 하나님의 사람이 아닙니다.

외적인 방해만 있었던 것이 아닙니다. 5장 후반부에 보면 백성들이 배고픔으로 땅을 팔고 집을 팔아서 먹을 것을 구합니다. 심지어 자녀들까지 노예로 파는 위기까지 옵니다. 그런데 더욱 심각한 문제는 같은 민족의 귀족과 민장들이 이익을 취하면서 공동체를 무너뜨리는 것입니다. 외부의 방해보다 더욱 무서운 것은 내부의 방해입니다.

느헤미야는 그들에게 경고하며 이자를 받지 말고 취한 것을 돌려주라고 명령합니다. 그리고 백성들의 배고픔과 아픔을 그저 바라보는 것이 아니라 자신의 월급과 재산을 함께 나누며 위기를 넘깁니다. 가진 것을 함께 나누는 그의 리더십은 사람들을 감동시킬 뿐아니라 공동체를 더욱 단단하게 만듭니다.

그리고 6:15-16절을 보면 놀랍게도 성벽 재건이 52일 만에 끝났다고 기록합니다. 무너진 성을 다시 세우는 일이 빨리 마무리 될 수 있었던 것은 하나님의 은혜이며 느헤미야의 탁월함을 보여 주는 대목입니다. 하나님의 일은 하나님이 하십니다.

성보다 중요한 것은 사람이다

성벽공사가 끝났으니, 이제 느헤미야서는 여기에서 멈추어야 합니다. 그런데 일곱 장이 더 남아 있습니다. 이것이 무엇을 의미할까요? 느헤미야서의 메시지가 더 남아 있다는 것입니다.

그들이 성을 다 짓고 가장 먼저 한 일이 무엇일까요? 8장에 보면 이스라엘 온 백성이 수문 앞 광장에 모여 하나님의 말씀을 듣기 시작합니다. 학사 에스라를 데리고 와서 모세의 율법을 읽습니다.

백성들이 하나님의 말씀을 듣고 울기 시작합니다. 100년이 넘게 포로생활을 하면서 하나님의 말씀을 듣지 못하여 다 잊어버렸는데 말씀이 선포되자 모두가 울기 시작합니다.

느헤미야의 메시지는 바로 이것입니다. 성도 중요하지만, 그것보다 더 중요한 것이 있다는 것입니다. 바로 그 성안에서 살아갈 사람입니다. 교회의 건물이 중요한 것이 아니라 그 건물 안에 들어와 앉아 있는 사람이 중요합니다. 무너진 성을 쌓는 것보다 중요한 것은 무너진 사람들을 살리는 것입니다.

느헤미야서의 핵심이 바로 이것입니다. 무너진 신앙을 회복하는 것, 무너진 영혼들을 회복하는 것입니다. 화려하게 보이는 멋진 성을 만드는 것이 목표가 아닙니다. 멋진 예배가 아닙니다. 튼튼한 성을 건축하는 것이 목표가 아닙니다.

그의 목표는 바로 '잃어버렸던 하나님의 말씀을 찾는 것', '하나님께로 돌아오는 것', '하나님을 온전히 예배하는 것'입니다.

부흥은 하나님의 말씀에 대한 사모하는 마음에서부터 시작합니다. 부흥은 사람들이 많이 모이는 것이 아니라, 하나님께로 돌이키는 것입니다.

9:1 그 달 스무나흘 날에 이스라엘 자손이 다 모여 금식하며 굵은 베 옷을 입고 티끌을 무릅쓰며 2 모든 이방 사람들과 절교하고 서서 자기의 죄와 조상들의 허물을 자복하고 3 이 날에 낮 사분의 일은 그 제자리에 서서 그들의 하나님 여호와의 율법책을 낭독하고 낮 사분의 일은 죄를 자복하며 그들의 하나님 여호와께 경배하는데……

말씀을 듣고 백성들이 금식하며 이방사람들과 절교하고 자신의 죄를 고백합니다. 해가 뜨면 광장에 모여들어 기도하며 통회합니다. 그들의 회개 기도는 여기에서 그치는 것이 아닙니다.

13:1-3절을 보면 성벽을 봉헌하고 모세의 율법책을 다시 읽습니다. 그리고 암몬과 모압 사람들을 분리합니다. 이스라엘 백성들은 포로로 살아가면서 다른 민족들과 섞여 버렸습니다. 13:23-24절

을 보면, 자손들이 다른 민족과 결혼하면서 히브리어를 잃어버렸다고 합니다.

하나님의 백성으로 거룩하게 살아야 할 사람들이 다른 우상을 섬기게 되고 다른 이방 풍습을 따르게 되었습니다. 포로지에서 오랫동안 살다 보니 다 섞여 버렸습니다.

하나님이 원하셨던 것은 거룩함입니다. 구별되는 것입니다. 섞이지 않는 것입니다. 하나님께서는 밭에 씨앗을 뿌릴 때도 두 종류의 씨앗을 섞어 뿌리지 말라. 옷감을 짤때도 두 종류의 실을 썩어 짜지 말라. 너희가 가나안 땅에 들어가면 그곳 사람들과 결혼하지 말고 그들의 신을 섬기지 말라고 하셨습니다. 왜일까요? 하나님의 뜻은 구별됨입니다. 거룩함입니다. 이 세상을 살아가는 성도들에게도 요구하는 것이 거룩함입니다.

하나님은 느헤미야를 통해서 이스라엘 백성들을 회복시키기 원하셨습니다. 하나님을 떠나간 백성들이 다시 하나님께로 돌아오기를 간절히 기다렸습니다. 무너진 건 예루살렘 성이 아니라 사람들의 신앙이었습니다. 하나님을 향한 믿음을 다시 회복시키고 싶었습니다. 보이는 겉모습에 신경을 쓸 것이 아니라 보이지 않는 우리의 내면에 주의를 기울어야 합니다.

진정한 남자는 사람들을 살리고 회복시키는 사람입니다. 그들을 위해 눈물로 기도하며 하나님이 주신 비전을 함께 완성해 나가는 사람입니다. 하나님은 그런 남자를 기다리십니다. 그를 통해 무너진 이 땅을 다시 고쳐나가실 것입니다.

남자의 눈물은 역사를 세운다

남자의 눈물을 강력합니다. 가슴 깊은 곳에서 터져 나오는 남자의 뜨거운 눈물에는 자신을 개혁하고 주변을 변화시키는 힘이 담겨 있습니다.

1 남자, 하나님의 음성을 듣는 사람

남자의 인생에서 중요한 것은 대화를 나누는 상대입니다. 주변 사람들과 친밀한 대화를 하는 것도 좋지만, 언제나 그 수준을 벗어나지 못합니다. 더 높은 차원의 시각과 안목을 가진 사람이 필요합니다. 바로 멘토이지요.

2 느헤미야, 눈물로 나아가다

느헤미야는 나라와 민족을 위해서 눈물을 흘립니다. 그의 마음에는 민족이 살아 숨 쉬고 있었습니다. 높은 자리에 오른 후에도 그 마음은 변치 않았습니다. 그리고 민족을 위한 삶을 삽니다. 누구 때문에 아파하는지, 애통해하는지가 남자의 인생을 결정합니다.

3 남자, 무너진 성을 세우다

남자의 중요한 사명 가운데 하나는 무너진 곳을 세우는 것입니다. 모든 여건이 잘 갖추어진 곳에서 일하는 것이 아닙니다. 아무런 준비가 되어 있지 않거나 폐허가 된 곳일 수도 있습니다. 하지만 남자의 능력은 그때부터 발휘됩니다. 물러서지 말고 도전해야 합니다.

4 함께하는 능력을 경험하라

비전을 이루기 위해서 굳이 혼자 일할 필요는 없습니다. 같은 목표를 가지고 힘을 쏟을 수 있는 동역자가 있다면, 남자의 인생은 정말 행복할 것입니다. 사람을 소중히 여겨야 합니다. 그들의 재능과 은사를 인정하고 협력해야 합니다.

5 성보다 중요한 것은 사람이다

우리는 일에 열중하기 쉽습니다. 하지만 더욱 중요한 것은 사람입니다. 물론 일은 성공할 수도 있고, 실패할 수도 있습니다. 하지만 일을 진행하는 과정에서 서로 다투고 사람을 잃어버린다면, 그것은 모든 것을 잃은 셈입니다. 사람에게 집중하시기 바랍니다. 그것이 지혜입니다.

09 남자,
영웅을 꿈꾸다

열왕기상 19:9-14

9 엘리야가 그 곳 굴에 들어가 거기서 머물더니 여호와의 말씀이 그에게 임하여 이르시되 엘리야야 네가 어찌하여 여기 있느냐

10 그가 대답하되 내가 만군의 하나님 여호와께 열심이 유별하오니 이는 이스라엘 자손이 주의 언약을 버리고 주의 제단을 헐며 칼로 주의 선지자들을 죽였음이오며 오직 나만 남았거늘 그들이 내 생명을 찾아 빼앗으려 하나이다

11 여호와께서 이르시되 너는 나가서 여호와 앞에서 산에 서라 하시더니 여호와께서 지나가시는데 여호와 앞에 크고 강한 바람이 산을 가르고 바위를 부수나 바람 가운데에 여호와께서 계시지 아니하며 바람 후에 지진이 있으나 지진 가운데에도 여호와께서 계시지 아니하며

12 또 지진 후에 불이 있으나 불 가운데에도 여호와께서 계시지 아니하더니 불 후에 세미한 소리가 있는지라

13 엘리야가 듣고 겉옷으로 얼굴을 가리고 나가 굴 어귀에 서매 소리가 그에게 임하여 이르시되 엘리야야 네가 어찌하여 여기 있느냐

14 그가 대답하되 내가 만군의 하나님 여호와께 열심이 유별하오니 이는 이스라엘 자손이 주의 언약을 버리고 주의 제단을 헐며 칼로 주의 선지자들을 죽였음이오며 오직 나만 남았거늘 그들이 내 생명을 찾아 빼앗으려 하나이다

남자,
고독함을 헤치고
나온 영웅

엘리야

〈화성에서 온 남자, 금성에서 온 여자〉에 보면, 남자가 위기의 상황에 어떻게 행동하는지를 잘 설명하고 있습니다. 남자들마다 다르겠지만 일반적으로 위기가 찾아오면 동굴로 들어간다고 말합니다.

왜 남자는 자신만의 공간을 찾을까요? 이는 도피의 행동이지만 동시에 문제를 풀기 위한 몸부림이기도 합니다. 동굴 안에서 오랫동안 씨름하고 난 뒤에 감정과 생각을 정리하고 자신만의 해결책을 들고 나옵니다. 이것이 남자의 모습입니다.

남자를 평가할 때 무엇을 중요하게 여겨야 할까요? 겉으로 드러나는 부분은 외모와 실력이 있겠지만, 더 중요한 것은 사람됨, 그 남자의 성품입니다.

성품이 좋은 남자는 언젠가 성공하게 되어 있습니다. 사람들과의 관계 안에서 조금씩 드러나는 성품은 그 사람의 존재됨을 드러냅니다. 하지만 문제는 성품과 인격이 쉽게 파악되지 않는다는 점입니다.

남자의 내면이 드러나는 순간은 평안할 때가 아니라 위기의 순간입니다. 바로 이때 남자의 진짜 모습을 알 수 있습니다. 이성이 마비되고 본능이 꿈틀대는 시간, 스스로가 자신을 통제할 수 없는 상황에서 남자들의 본 모습이 등장합니다.

그래서 자매들은 형제들을 좋을 상황에서만 보지 말고 좋지 않을 때, 위기의 상황에서 그가 어떻게 극복해 가는지 그 과정을 지켜보아야 합니다. 남자의 능력은 위기관리의 능력이며 어려움을 어떻게 극복하느냐에 따라서 남자의 인생이 좌우될 것입니다.

특별히 그가 위기의 순간 홀로 있을 때 무엇을 하는지 살펴보아야 합니다. 함께 어울려 지낼 때보다 홀로 있을 때, 그의 인물됨을 잘 알 수 있습니다. 성장을 위해 몸부림치는지, 혹은 쾌락에 취해 사는지 말입니다. 홀로 있는 시간을 어떻게 보내느냐에 따라 남자의 인생은 달라질 것입니다.

위기를 뚫고 가는 힘

엘리야는 지금 위기의 상황에 처해 있습니다. 그는 어떤 위기에 처해 있을까요? 크게 두 가지입니다. 하나는 공동체의 영적인 위기이고, 다른 하나는 개인적 죽음의 위기입니다.

먼저 영적인 위기를 살펴봅시다. 열왕기상 16:30-33절입니다. 엘리야가 살았던 시대는 이스라엘이 영적으로 가장 타락할 때입니다. 아합이 이스라엘의 왕으로 20년을 다스리는데, 그는 그동안 역대 이스라엘의 왕들보다 가장 악한, 최악의 왕이었습니다.

그의 아내가 누구일까요? 바로 이세벨입니다. 시돈의 왕의 딸이자 바알을 섬기는 제사장의 땅입니다. 그녀의 등장으로 이스라엘 온 나라에 바알의 우상이 가득하게 됩니다. '부창부수(夫唱婦隨)'라고 했나요? 남편과 아내가 똑같습니다. 하나님을 예배하고자 세웠던 사마리아의 예배당에는 바알의 제단이 세워집니다.

바알은 어떤 우상일까요? 바로 농사를 주관하는 신입니다. 농사에 필요한 것이 무엇이죠? '비'입니다. 바알의 신전에 가면 그들의 예배를 주관하는 신녀들이 있습니다. 바알의 예배는 집단 성관계입니다. 그것을 보고 흥분한 바알 신이 하늘에서 비를 준다고 생각했습니다.

이로 인해 이스라엘 온 나라가 성적으로 타락했습니다. 호세아를 보면 아버지와 아들이, 아내와 며느리가, 함께 성관계를 하는 것을 지적하기도 합니다.

이러한 음란과 영적인 타락의 위기를 뚫고 가는 하나님의 방법은 무엇일까요? 네, 사람입니다. 하나님은 엘리야라는 강력한 선지자를 그 땅에 보냅니다.

하나님의 방법은 늘 사람입니다. 시대를 거슬러 하나님의 뜻을 선포하며 백성들의 마음을 하나님께로 돌이키게 할 수 있는 하나님의 사람을 보내는 것입니다.

세상이 악하고 타락할수록 성도들은 거룩함과 부흥에 힘써야 합니다. 특별히 거룩함은 남자들에게 요청되는 가장 중요한 덕목입니다. 하나님의 사람들은 세상과는 다른 삶의 모습을 보여야 합니다.

혹시 평양의 대부흥을 기억하시나요? 일제의 침략과 청일, 러일 전쟁으로 나라에 암흑이 가득할 때 하나님은 우리 민족에 영적 대부흥을 주셨습니다. 기도의 사람들을 세우시고, 영적인 새로움을 일으키어 사람들의 마음을 하나님께로 돌아오게 했습니다. 엘리야의 등장은 이처럼 어둠 가운데 한줄기 빛처럼 놀라운 사건입니다.

열왕기상 17:1절에서 엘리야가 이렇게 기도합니다.

"하나님, 이 백성들에게 비를 주면 안 됩니다. 비를 멈춰 주세요."

왜 이 같은 기도를 드린 걸까요? 하나님을 떠난 백성들이 바알에게 원했던 것이 바로 '비'였기 때문입니다. 그들은 풍성한 농산물을 원했습니다. 하지만 엘리야의 기도로 3년이 넘도록 그 땅에 비가 오지 않았습니다. 엘리야는 당당하게 아합왕을 찾아가 비가 오지 않을 것을 경고하기도 합니다. 그들이 섬기는 바알 신이 거짓 신임을 깨닫게 하기 위해서입니다.

그리고 3년이 지나 엘리야가 아합왕을 다시 찾아갑니다. 그리고 갈멜산에서 결투를 신청합니다. 바알이 진짜 신인지, 하나님이 진짜 신인지 한번 결투를 해보자고 제안합니다.

그래서 바알과 아세라를 따르는 선지자 850명과 하나님을 섬기는 선지자 한 명인 엘리야가 대결을 합니다. 엘리야가 맞은 첫 번째 위기는 바로 민족의 영적 위기였습니다. 모두가 하나님을 떠났을 때 그들에게 하나님이 참 신이라는 것을 증명해야 하는 상황입니다.

이러한 엘리야의 모습은 오늘날 남자들에게 요청되는 신앙의 자세입니다. 하나님을 증명해야 하는 상황에서 당신은 어떻게 하겠습니까? 공동체에 신앙의 위기가 찾아올 때 당신은 어떻게 하겠습니까?

믿음에는 용기는 필요합니다. 모두가 두려워하는 그 상황을 뚫고 가는 용기가 필요합니다. 그런 용기는 어디에서 나올까요? 바로 하나님께서 나와 함께하신다는 확신입니다.

남자의 신앙적 용기와 결단은 모든 상황에서 '하나님이 함께하신다, 하나님께서 도우신다, 하나님께서 나를 위해 일하신다'는 확신에서 비롯됩니다. 그렇다면 어떻게 확신할 수 있을까요? 그동안 하나님과 동행한 경험이 필요합니다.

엘리야가 그냥 멋져 보이려고 결투를 신청하고 혼자서 마구 들이대는 것이 아닙니다. 그는 하나님과 동행한 사람이었습니다. 그가 기도하자 비가 내리지 않았고, 기근중에도 사르밧 과부의 집에 양식이 떨어지지 않았고, 그의 죽은 아들을 살렸습니다. 용기는 한순간에 나오는 것이 아니라 그동안 경험하고 누적되어 온 하나님과의 깊은 신뢰와 친밀함에서 나옵니다.

하나님과의 깊은 영적인 사귐이 없는데, 한순간에 결단한다는 것은 거짓입니다. 삶에서 작은 승리를 해본 사람만이 영적인 큰 전쟁에서 승리할 수 있습니다. 그래서 일상생활이 중요합니다. 삶에서 깨달은 작은 믿음들이 위기의 순간에 빛을 발하게 합니다. 그래서 삶이 강력하기 위해서는 예수님을 닮은 인격과 성품이 필요합니다. 한두번의 결단이 아니라 삶으로부터 뿜어 나오는 내용이 필요합니다. 생활의 영성이 뒷받침 될 때야 건강한 신앙생활을 할 수 있습니다.

반대로 일상생활의 작은 부분이 무너진 사람은 큰 싸움에서 승리할 수 없습니다. 신앙의 위기는 작은 것에서부터 비롯됩니다.

영적 전투에서 큰 승리를 맛보다

엘리야가 갈멜산에서 850명의 거짓 선지자와 대결을 합니다. 이 겼을까요, 아니면 졌을까요? 이겼습니다. 그것도 아주 멋지게 이 겼습니다.

제단을 만들어 놓고 각자의 신에게 기도했을 때 하늘에서 불이 내려온 쪽을 진짜 신으로 인정하기로 합니다. 바알과 아세라 선지자들이 먼저 시작했지만 아무런 응답이 없습니다. 아침부터 저녁까지 850명이 열심히 노래하고 그들의 신을 불렀지만 대답이 없었습니다. 이제 엘리야 차례입니다.

18:37 여호와여 내게 응답하옵소서 내게 응답하옵소서 이 백성에게 주 여호와는 하나님이신 것과 주는 그들의 마음을 되돌이키심을 알게 하옵소서 하매 38 이에 여호와의 불이 내려서 번제물과 나무와 돌과 흙을 태우고 또 도랑의 물을 핥은지라. 39 모든 백성이 보고 엎드려 말하되 여호와 그는 하나님이시로다 여호와 그는 하나님이시로다 하니 40 엘리야가 그들에게

엘리야가 기도합니다. "이 민족 앞에 하나님 되심을 드러내 주십시오."라고 구하자, 즉시 하나님께서 불로 응답합니다. 제물만 태우신 것이 아니라 물도랑까지 다 태워 버립니다.

백성들은 이제 하나님께서 참 신이라는 것을 알게 되었습니다. 그리고 백성들은 그동안 자신을 속였던 거짓 선지자들을 다 죽입니다. 거짓으로 올바름을 보지 못했던 그들의 분노는 대단했습니다.

이것이 바로 남자의 역할입니다. 공동체의 영적 흐름을 주도하고 바꾸는 것입니다. 거짓된 것에서 허우적대는 이들을 올바른 길로 되돌리는 것이 남자의 역할입니다.

하나님은 남자의 기도에 응답합니다. 우상의 한복판에서 다른 것을 바라보지 않고 하나님께 집중하며 기도하는 남자의 기도를 들으십니다.

또한 남자는 하나님께서 응답하시기까지 기도해야 합니다. 들판 한가운데서 사람들이 다 지켜보는 가운데서 자신의 믿음을 잃지 않고 오직 하나님만을 바라보는 남자. 하나님 앞에서 홀로 고독한 길을 걸어가는 그 남자. 바로 오늘날에 필요한 진짜 남자의 모습입니다.

개인적인 사랑 때문에 눈물을 흘리는 남자가 아니라 더 큰 문제 앞에서 고민하며 사자후를 발하는 남자. 하나님 앞에서 통곡하며 공동체를 위해 눈물을 쏟아내는 그 남자. 믿음의 야성이 살아 있는 그 남자. 바로 그가 공동체를 이끌어 나갈 영적인 큰 사람입니다.

이성교제의 한 가지 비밀을 말하자면, 자매를 쫓아다니는 남자를 절대로 좋은 자매를 만날 수 없습니다. 형제는 사랑을 쫓지 말고 자신이 꿈꾸고 바라보는 그것을 드러내야 합니다. 그리고 그것을 함께 할 수 있는 자매를 만나야 합니다.

자매는 형제를 좋아하기도 하지만, 더 분명히 말하면 형제가 쫓아가는 그 무엇과 그것을 향한 형제의 모습을 더 좋아합니다. 형제가 하나님을 쫓지 않고 하나님을 향한 그 모습을 잃어버릴 때, 자매는 형제를 떠나갑니다. 형제는 매력을 잃어버리고 맙니다.
엘리야가 멋있는 것은 엘리야 그 자체에 있지 않고, 그가 따르는 하나님이 멋있고 그 하나님을 향한 엘리야의 모습이 멋지기 때문입니다.

승리 뒤에 찾아온 영적 침체

19:2 이세벨이 사신을 엘리야에게 보내어 이르되 내가 내일 이맘때에는 반드시 네 생명을 저 사람들 중 한 사람의 생명과 같게 하리라. 그렇게 하지 아니하면 신들이 내게 벌 위에 벌을 내림이 마땅하니라 한지라 3 그가 이 형편을 보고 일어나 자기의 생명을 위해 도망하여 유다에 속한 브엘세바에 이르러 자기의 사환을 그곳에 머물게 하고 4 자기 자신은 광야로 들어가 하룻길쯤 가서 한 로뎀 나무 아래에 앉아서 자기가 죽기를 원하여 이르되 여호와여 넉넉하오니 지금 내 생명을 거두시옵소서. 나는 내 조상들보다 낫지 못하니이다.

하지만 엘리야에게 또 다른 위기가 찾아옵니다. 아합왕의 아내, 이세벨이 엘리야를 죽이겠다는 위협을 한 것입니다. 그 말을 듣고 엘리야가 두려워합니다. 그래서 남쪽 유대 땅으로 도망가지요.

남쪽에서도 한참을 내려와 유대광야까지 갑니다. 그리고 거기서 하나님께 "하나님, 저를 죽여주세요." 하고 기도를 드립니다. 그에게 개인적인 영적 침체가 찾아온 것입니다.

850명과 싸울 때와는 너무나 다른 모습이에요. 죽음을 무릅쓰고 싸우다가도 하루아침에 엘리야가 무서워 벌벌 떱니다. 이 대목에서 상당히 인간적인 엘리야의 모습을 보게 됩니다.

남자도 두려울 때가 있어요. 무서울 때가 있어요. 숨고 싶을 때가 있어요. 엘리야는 완벽한 사람이 아닙니다. 어쩌면 이렇게 약한 게 그의 진짜 모습인지도 모릅니다. 사실 850명과도 싸울 때 그는 많이 두려웠는지도 모릅니다. 약하지만 용기 냈는지도 모릅니다.

큰 승리 뒤에 그에게 영적인 침체가 찾아옵니다. 영적인 침체는 대부분 이렇게 찾아옵니다. 큰 은혜가 임한 뒤에 찾아와요. 예배 잘 드리고 난 뒤에, 집회 때 열심히 기도한 뒤에, 믿음의 큰 승리를 맛본 뒤에 찾아옵니다. 왜 그럴까요?

그것은 바로 은혜의 자리와 삶의 자리의 차이 때문입니다. 하나님을 예배하고 기도할 때 모든 일이 다 이루어질 줄 알았는데, 막상 삶으로 돌아오면 아무런 변화가 없습니다. 오히려 더 힘들어요. 어떻게 해야 할까요? 기도의 자리에만 머물러 있을 건가요? 예배의 자리에만 머물러 있을 건가요?

아니에요. 다시 삶의 자리로 돌아와야 합니다. 여기에서 승리해야 진짜 승리한 것입니다. 예배당에서 승리를 선포하는 것이 아니라 삶의 자리에서 승리를 선포해야 진짜입니다.

영적인 침체에서 엘리야는 어떻게 일어설까요? 크게 세 단계를 거칩니다.

첫 번째는 '육체의 쉼'입니다. 엘리야는 40일 동안 광야를 걸어, 하나님을 만나기 위해 하나님의 산, 호렙산에 오릅니다. 그동안 하나님은 엘리야에게 먹을 것을 공급합니다. 떡과 물을 주시면서 쉬게 합니다.

영적인 침체에서 극복하려면, 먼저 몸이 쉬어야 합니다. 안식해야 해요. 쉼 없이 달리는 사역은 위험합니다. 육체의 회복이 급선무입니다. 자신의 몸을 돌보지 않고 영적인 건강을 유지할 수 없습니다.

두 번째는 '하나님의 음성을 듣는 것'입니다. 그때 하나님께서 엘리야에게 말씀하세요. 조용히 다가와 그에게 속삭입니다. 그런데 엘리야가 하나님의 음성을 듣는 장소를 주목해야 합니다.

19:9 엘리야가 그곳 굴에 들어가 거기서 머물더니 여호와의 말씀이 그에게 임하여 이르시되 엘리야야 네가 어찌하여 여기 있느냐.

엘리야가 굴속에 있어요. 앞에서 살펴봤듯이, 『화성에서 온 남자, 금성에서 온 여자』라는 책을 보면 위기의 상황에 남자들이 보이는 모습이 바로 자기만의 굴속으로 들어가는 것이라고 합니다. 자기만의 동굴이 있어요. 문제가 풀리기 전까지 남자는 절대로 나오지 않습니다.

이때 여자들은 기다려야 합니다. 동굴로 따라 들어가 끄집어내면 안 돼요. 스스로 문제를 풀고 나오도록 기다려야 합니다.

그런데 남자는 동굴에서 혼자 나올 수 없어요. 누군가의 도움이 필요해요. 누구일까요? 바로 '하나님'입니다. 하나님이 엘리야에게 말합니다.

"너 왜 여기 있니?"

엘리야가 대답합니다.

"이세벨이 저를 죽이려 해요. 무서워요. 다 죽고 저 혼자 남았어요."

18절에서 하나님은 이렇게 반문합니다.

"아니다. 7천 명이나 더 있다. 너 혼자가 아니다. 내가 돌보고 먹이고 입히는 사람 7천 명이 더 있다. 바알의 우상에 머리 숙이지 않고 살아가는 사람들이 더 있다."

남자가 위기를 극복할 수 있는 가장 결정적인 방법은 하나님을 만나는 거예요. 하나님의 말씀을 붙잡는 거예요. 즉, 위기에서 아무엇도 의지할 수 없는 상황에서 하나님을 붙잡는 것입니다.

동굴은 남자가 숨는 공간이 아니라 하나님을 만나는 공간입니다. 대부분의 남자들은 이 동굴에서 딴 짓을 합니다. 술을 마시거나 오락에 빠지거나, 아픔과 두려움에서 벗어나려고 다른 것에 몰두합니다. 그러나 그 동굴을 깨고 나올 수 있는 것은 오로지 하나님뿐입니다.

세 번째는 '하나님이 그런 엘리야에게 다시 사명을 맡기는 것'입니다. 15절에 보면, "너 길을 돌이켜 다메섹에 가서 하사엘에게 기름 붓고 예후에게 기름 붓고 엘리사에게 기름을 부어라."고 나옵니다.

동굴에서 벗어난 남자에게 하나님은 새로운 사명을 주십니다. 남자는 다시 그 사명으로 힘차게 전진합니다. 남자는 다시 목숨을 걸고 달려갑니다. 이세벨을 두려워하지 않고, 다시 북쪽으로 올라갑니다.

남자는 그런 존재입니다. 자기 자신을 위해서 목숨을 거는 것이 아니라 하나님의 비전과 숭고한 목포에 목숨을 걸고 또 사랑하는 그 누군가를 위해 목숨을 거는 존재입니다.

영적인 침체를 벗어나는 방법은 쉼과 말씀, 그리고 비전입니다. 남자들을 쉬게 해주세요. 좋은 쉼을 통해, 말씀을 통해, 새로운 사명으로 일어서도록 기도하시기 바랍니다.

고독한 남자, 그가 남긴 것

엘리야의 이야기에서 가장 회자되지 않는 것이 그의 죽음입니다. 엘리야는 죽음을 보지 않고 하늘로 올라갑니다. 그런데 그가 이 땅을 떠나기 전에 보여 준 모습은 남자의 마지막이 어떠해야 하는지를 깨닫게 합니다.

남자는 떠나기 전 무엇을 남겨야 할까요? 그것은 이름도 아니고, 재산도 아닙니다. 재산은 분란만 일으킵니다. 남자는 자신의 비전을 끝까지 따라갈 수 있는 사람을 남겨야 합니다. 사람을 남긴다면, 남자의 인생은 성공한 인생입니다.

엘리야는 엘리사라는 믿음의 후계자를 남깁니다. 자신의 영적인 권위와 능력을 그에게 전수합니다. 이스라엘의 모든 위기의 상황에서 엘리야를 대신하여 일합니다. 하지만 엘리사만 남긴 것이 아닙니다. 또 남긴 사람들이 있습니다.

열왕기하 2장에 보면 엘리야가 하늘로 올라가기 전에 여러 지역을 다닙니다. 벧엘, 여리고, 요단강입니다. 그곳에 누가 있었을까요? 바로 제자들입니다. 엘리야는 곳곳에 있는 제자들을 찾아갑니다. 그들을 격려하고 자신이 떠난 뒤에도 흔들리지 말 것을 주문합니다.

2:3절 벧엘에 있는 선지자의 제자들.
2:5절 여리고에 있는 선지자 제자들.
2:7절 요단 근처의 선지자 제자 50명.

벧엘, 여리고, 요단 등지에는 엘리야가 키우는 선지자 후보생들이 있었습니다. 그는 왜 이들을 훈련시켰을까요? 자신은 떠나가지만 아합과 이세벨, 바알의 우상이 가득한 세상에서 그들과 대항하여 하나님을 믿는 믿음을 지키기 위해서입니다. 세상의 문화와 다르게 살아가는 영적인 사람들을 남긴 것입니다.

지난날 호렙산에서 "하나님, 저만 남았어요. 저 혼자예요."라고 고백하던 때를 회상하면서, 또 갈멜산에서 믿음의 외로운 싸움을 하던 그때를 회상하며, 엘리야는 하나님의 사람들을 훈련시킨 것입니다. 자신이 떠날 때를 대비한 것이지요.

남자가 남겨야 하는 것은, 자신의 이름도 아니고, 돈도 아니고, 바로 사람들입니다. 예수님의 12제자와 같이 하나님을 바라보며 예배하는 신실한 사람을 남겨야 합니다. 그를 통해 하나님의 사역이 계속해서 이어지도록 준비해야 합니다.

자신의 시대에 모든 영광을 누리고 떠나는 것은 지혜롭지 못한 것입니다. 믿음의 다음 세대를 준비하며 사람을 세워 나가는 것이 남자의 역할입니다. 차기 리더십을 세워 공동체를 지속하(게 하)는 것, 이것이야말로 진정한 남자의 역할입니다.

남자, 고독함을 헤치고 나온 영웅

고독은 남자의 위기이자 기회입니다. 홀로 있는 시간을 어떻게 보내느냐에 따라 남자의 인생은 달라질 수 있습니다. 고독 속에 방황하는 남자가 있는가 하면, 이와는 반대로 고독 속에서도 찬란하게 빛나는 남자가 있습니다.

1 위기를 뚫고 가는 저력

평온할 때는 남자의 존재감이 잘 드러나지 않습니다. 하지만 공동체에 위기가 찾아오면, 남자의 존재감은 더욱 커지게 됩니다. 그 상황을 뚫고 나갈 누군가가 필요하기 때문이죠. 남자의 저력은 상황에 휩쓸리지 않은 중심에서부터 시작됩니다. 남자의 중심은 늘 하나님의 말씀에 기초해야 합니다.

2 영적 전투에서 큰 승리를 맛보다

시대마다 영웅이 등장합니다. 영웅의 역할은 공동체에 희망을 주고 다시 평화를 찾아오는 것입니다. 싸움이 시작되면 앞장서서 싸워줄 리더가 있어야 합니다. 영웅의 외침과 행동에는 모두가 따를 수 있는 강력함이 있어야 합니다. 남자는 그런 영웅을 닮아 있습니다.

3 승리 뒤에 찾아온 영적 침체

싸움의 승리가 끝이 아닙니다. 승리의 기쁨은 그리 오래가지 않습니다. 그 다음에 찾아오는 피로감과 만족감을 잘 관리하는 게 중요합니다. 강력했던 엘리야도 깊은 침체에 빠졌습니다. 자신의 내면과의 싸움에서 승리하는 것이 더욱 중요합니다.

4 고독한 남자, 그가 남긴 것

엘리야의 업적 중에 가장 중요한 것은 사람을 남긴 것입니다. 자신이 떠나가더라도, 이스라엘에 남아서 하나님을 외치며 살아갈 사람들을 남긴 것입니다. 믿음은 세대가 거듭될수록 계속되어야 합니다. 또 다른 엘리야가 등장해서 시대마다 하나님의 말씀을 선포해야 합니다. 그러기 위해서 올바른 신앙을 전수하고 가르치기를 쉬지 않아야 합니다. 남자는 다음 세대의 믿음의 모델이며 스승입니다.

10 남자,
영웅을 꿈꾸다

다니엘 6:16-28

16 이에 왕이 명령하매 다니엘을 끌어다가 사자 굴에 던져 넣는지라 왕이 다니엘에게 이르되 네가 항상 섬기는 너의 하나님이 너를 구원하시리라 하니라
17 이에 돌을 굴려다가 굴 어귀를 막으매 왕이 그의 도장과 귀족들의 도장으로 봉하였으니 이는 다니엘에 대한 조치를 고치지 못하게 하려 함이었더라
18 왕이 궁에 돌아가서는 밤이 새도록 금식하고 그 앞에 오락을 그치고 잠자기를 마다하니라
19 이튿날에 왕이 새벽에 일어나 급히 사자 굴로 가서
20 다니엘이 든 굴에 가까이 이르러서 슬피 소리 질러 다니엘에게 묻되 살아 계시는 하나님의 종 다니엘아 네가 항상 섬기는 네 하나님이 사자들에게서 능히 너를 구원하셨느냐 하니라
21 다니엘이 왕에게 아뢰되 왕이여 원하건대 왕은 만수무강 하옵소서
22 나의 하나님이 이미 그의 천사를 보내어 사자들의 입을 봉하셨으므로 사자들이 나를 상해하지 못하였사오니 이는 나의 무죄함이 그 앞에 명백함이오며 또 왕이여 나는 왕에게도 해를 끼치지 아니하였나이다 하니라
23 왕이 심히 기뻐서 명하여 다니엘을 굴에서 올리라 하매 그들이 다니엘을 굴에서 올린즉 그의 몸이 조금도 상하지 아니하였으니 이는 그가 자기의 하나님을 믿음이었더라
24 왕이 말하여 다니엘을 참소한 사람들을 끌어오게 하고 그들을 그들의 처자들과 함께 사자 굴에 던져 넣게 하였더니 그들이 굴 바닥에 닿기도 전에 사자들이 곧 그들을 움켜서 그 뼈까지도 부서뜨렸더라
25 이에 다리오 왕이 온 땅에 있는 모든 백성과 나라들과 언어가 다른 모든 사람들에게 조서를 내려 이르되 원하건대 너희에게 큰 평강이 있을지어다
26 내가 이제 조서를 내리노라 내 나라 관할 아래에 있는 사람들은 다 다니엘의 하나님 앞에서 떨며 두려워할지니 그는 살아 계시는 하나님이시요 영원히 변하지 않으실 이시며 그의 나라는 멸망하지 아니할 것이요 그의 권세는 무궁할 것이며
27 그는 구원도 하시며 건져내기도 하시며 하늘에서든지 땅에서든지 이적과 기사를 행하시는 이로서 다니엘을 구원하여 사자의 입에서 벗어나게 하셨음이라 하였더라
28 이 다니엘이 다리오 왕의 시대와 바사 사람 고레스 왕의 시대에 형통하였더라

남자,
타인에게
인정받다

다니엘

남자에게 '인정받는 것'은 매우 중요한 부분입니다. 자신의 가치를 스스로가 증명하기도 하지만, 주변의 동료와 사람들로부터 신뢰를 받고 있음을 확인 때 남자는 행복을 느낍니다. 인정받는 남자는 공동체 안에서 혼신의 힘을 다하여 자신의 리더십을 발휘합니다. 존재의 가치를 확인하는 순간부터 모든 것을 걸고 일하죠.

남자를 움직이고 싶다면, 그를 인정해주면 됩니다. 아주 간단합니다. 그가 잘하는 것, 노력하는 부분을 구체적으로 칭찬해 주면 남자들은 헌신하기 시작합니다. 인정받고자 하는 마음은 남자가 가지고 있는 인간의 본능이기 때문입니다.

하지만 우리가 인정받아야 할 중요한 부분이 있습니다. 바로 믿음입니다. 사실 믿음은 보이지 않는 부분이기에 쉽게 평가받을 수 없습니다. 그렇다고 마냥 숨어있는 것만은 아닙니다.

신실한 믿음을 소유하고 있는 사람에게는 남다른 무엇이 있습니다. 진정한 믿음이라면 타인에게 보이기도 합니다. 그의 언어, 행동, 눈빛, 하나하나에 특별함이 깃들어 있습니다. 다른 사람들과 분명 다른 무엇 하나가 중심에 위치해 있습니다. 남자의 믿음은 그를 움직이는 원동력이며, 동시에 탁월함을 드러내는 비결이기도 합니다.

진짜와 가짜를 구분하라

명품을 보면, 진짜인지 가짜인지 의심되는 경우가 많습니다. 진짜 같은데 가짜이고, 또 가짜 같은데 진짜인 상품들이 많습니다. 자기가 아무리 진짜라고 말해도 상대방이 인정해 주지 않으면 의미가 없습니다.

사실 좋은 명품일수록 짝퉁이 많습니다. 짝퉁이 많은 것이 좋은 것은 아니지만 가짜가 많다는 것은 진짜가 그만큼 가치 있다는 증거입니다.

명품의 진짜와 가짜를 생각해 보면 몇 가지 차이가 있습니다. 진짜는 장인이 만듭니다. 진짜에는 철학이 담겨 있습니다. 진짜에는 역사와 전통이 있습니다. 그리고 진짜는 관리를 잘해주어야 하죠.

하지만 가짜는 이와 반대입니다. 아무나 만들고, 철학과 원칙이 없죠. 대충보관해도 아무렇지 않습니다.

이것을 사람에게 바로 대입하는 것은 무리지만, 한번 연결해 보면 재미있습니다. 진짜 그리스도인은 하나님 나라의 가치를 품고 있습니다. 장인의 열정과 노력처럼 하나님을 향한 인고의 시간속에 살아갑니다. 하나님을 향한 분명한 신앙의 철학이 있고, 건강한 신학의 전통 위에 서 있습니다. 반대로, 가짜 그리스도인은 진짜를 흉내 낼 뿐입니다.

가짜 그리스도인이 누구일까요? 대표적으로 '이단'입니다. 제가 신학교 2학년 때 한 동네를 지나가는데, 설문조사를 해달라고 해서 따라갔더니 이단이었습니다. 들어가 보니 아주머니들이 모여서 머리에 천을 쓰고 기도하고 있었죠.

그곳 사역자와 세 시간 가까이 논쟁을 펼쳤습니다. 성경을 들이대면서 유월절과 종말에 대해 이야기하군요. 저도 반박을 했습니다. 그런데 설득할 수는 없었습니다. 결국 도망치듯 그곳을 빠져나왔습니다.

이단들은 진짜를 흉내 내지만 그들에게는 생명이 없고 복음의 핵심이 없습니다. 무엇인가 허술한 논리에 자신들의 왕국을 세워갑니다. 요즘은 그들이 더욱 진짜처럼 행동합니다. 거리 한가운데서 열정적으로 전도하며 사람을 모읍니다. 왜 가짜들이 진짜처럼 활동할까요?

진짜 그리스도인들이 점점 사라져가기 때문입니다. 진짜가 진짜처럼 살아가지 못하기 때문입니다. 짝퉁이 등장해도 사람들이 그것을 구별하지 못하는 것은 진짜를 만나 본 적이 없기 때문입니다.

남자, 그리스도인으로 살다

사도행전 11장에서 처음으로 그리스도인이 등장합니다. 예수믿는 사람들을 최초로 '그리스도인'이라고 부른 곳은 '안디옥 교회'입니다. 예루살렘 교회 성도들이 핍박으로 흩어지면서 여기저기 복음을 전하다가 안디옥이라는 도시에 모였습니다.

바나바와 사울이 그곳에서 목회를 하면서 큰 공동체를 이룹니다. 그들의 모습이 무엇인가 달랐기에 사람들은 그 공동체를 향하여 '그리스도인'이라고 부르기 시작합니다. 한마디로 '예수쟁이'라는 뜻이죠.

'그리스도인'이란 말은 교회 공동체가 자체적으로 만든 말이 아닙니다. "자, 이제부터 우리는 그리스도인이야."라고 선언하지 않았습니다. 교회 밖 세상 사람들이 부르던 이름이었습니다.

별명 같은 이 이름은 왜 생겼을까요? 세상과 달랐기 때문입니다. 세상 사람들의 삶의 모습과 가치관과 행동과는 너무도 달랐기 때문입니다.

무엇이 달랐을까요? 사도행전 2:43-47절을 보면, 그 단서가 나오는데 서로 물건을 나눠 쓰고, 재산과 소유를 팔아 필요한 사람을 주고, 가난한 사람들을 돕고 함께 식사하며 하나님을 찬양했습니다. 모두가 다 자신의 이익을 위해서 살아가는 시대에 자신의 이익이 아니라 타인의 이익을 위해서 살았던 것이죠.

그 시대가 추구하는 모습과 다르게 살았던 것입니다. 자기 이익과 성공을 추구하는 삶에서 벗어나 타인의 행복과 성공을 위해서 살았던 것입니다. 삶의 방향과 기준이 '나'에서 '너와 그'로 전환되었습니다. 이것은 굉장한 변혁이며, 혁신입니다. 자신의 삶을 헌신하여 타인을 성공시키는 사람, 바로 그리스도인의 정체성입니다.

'그리스도인은' 다른 사람이 인정해 주는 말입니다. 다시 말해서, 진짜 그리스도인으로 사는 것은 세상 사람들이 알아주는 삶입니다. 믿지 않은 사람들이 우리를 볼 때 "저 사람은 진짜 예수님 같다, 정말 그리스도인답다."고 알아봐 주는 것입니다.

여기엔 중요한 의미가 담겨 있습니다. 가짜는 자신이 진짜라고 우겨야 하지만, 진짜는 말하지 않아도 됩니다. 왜일까요? 세상과는 다르게 살기 때문입니다.

다니엘과 세 친구의 진정성

믿지 않는 사람에게 믿음을 인정받은 성경의 인물이 누구일까요? 바로 다니엘과 세 친구들입니다.

다니엘서의 핵심은 그들의 믿음과 삶이 바벨론 왕과 주변 사람들에게 인정을 받았다는 것입니다. 말로 증거 하지 않고 삶으로 전하는 진짜의 신앙이었습니다.

그럼 구체적으로 살펴보겠습니다. 다니엘과 세 친구들은 이스라엘에서 바벨론으로 포로가 되어 끌려옵니다. 그곳에서 바벨론식 교육을 받고 그들처럼 살기를 강요받습니다. 그런데 이들은 조금 달랐어요.

1:8 다니엘은 뜻을 정하여 왕의 음식과 그가 마시는 포도주로 자기를 더럽히지 아니하리라 하고 자기를 더럽히지 아니하도록 환관장에게 구하니 9 하나님이 다니엘로 하여금 환관장에게 은혜와 긍휼을 얻게 하신지라.

다니엘과 세 친구들은 왕의 음식과 포도주를 먹지 않습니다. 이유는 그 음식이 이방 우상에게 바쳐진 음식이기 때문입니다. 거룩함을 추구하고자 그들은 채식만을 고집합니다.

그렇게 했는데도, 15절에 보면 "얼굴에 윤기가 나고", 17절에는 "이 네 소년이 지혜롭고 학문에 능통했다"고 합니다. 편안한 삶, 안정을 누릴 수 있는 삶이 아니라 불편하고 차별화 된 다름의 삶을 삽니다.

진짜의 삶은 다름의 삶입니다. 주변의 상황에 이끌려 가는 것이 아니라 자신의 소신을 지키며 사는 삶입니다. 비록 불편과 손해가 오더라도 그것을 감수하는 삶입니다. 당장 눈앞에 있는 이익을 따라가는 것이 그 너머에 있는 영원한 가치를 붙잡는 삶입니다.

다니엘이 정치 무대로 등장하게 된 계기가 2장에 나옵니다. 느부갓네살 왕이 꿈을 꾸는데, 아무도 그 꿈을 해석하지 못합니다. 그때 다니엘이 나가서 왕의 꿈을 해석합니다.

2:28절을 볼까요? 왕의 꿈은 머리는 금, 팔과 가슴은 은, 배와

허벅지는 놋, 종아리는 쇠, 다리는 쇠와 진흙으로 된 신상을 본 것입니다. 다니엘은 그것이 나라를 상징한다고 말합니다. 그리고 다니엘은 꿈의 해석이 하나님께 있음을 언급합니다. 이 이야기를 듣고 느부갓네살 왕은 다니엘에게 절을 하고 하나님을 인정하게 됩니다. 그리고 다니엘을 총리로 삼죠. 진짜는 자신을 드러내는 것보다 자신이 믿고 따르는 그분을 드러내는 사람입니다.

하지만 이들에게 위기가 찾아옵니다. 다니엘과 세 친구들이 ,왕의 신임을 얻으며 잘 나가니까 주변 신하들이 시기를 한 것입니다. 첫 번째 위기는 세 친구들에게 찾아옵니다. 느부갓네살 왕 때 하나의 법이 생기는데, 그것은 왕이 세운 금 신상에 절을 하는 것입니다. 만일 거부하면 뜨거운 풀무불에 던져 죽게 되는 무서운 형벌이 가해집니다.

세친구, 사드락, 메삭, 아벳느고는 당연히 왕의 신상에 절을 하지 않았습니다. 그리고 뜨거운 불에 들어가는 형벌에 처해집니다. 그들이 죽음 앞에서 어떤 모습을 보이는지 볼까요?

3:17 왕이여 우리가 섬기는 하나님이 계시다면 우리를 맹렬히 타는 풀무불 가운데에서 능히 건져내시겠고 왕의 손에서도 건져내시리이다. 18 그렇게 하지 아니하실지라도 왕이여 우리가 왕의 신들을 섬기지도 아니하고

왕이 세우신 금 신상에게 절하지도 아니할 줄을 아옵소서.

"하나님이 계신다면 우리를 지켜주실 것입니다. 그리아니하실지라도, 하나님이 우리를 구원해 주지 않으실지라도 우리는 왕이 세운 금 신상에 절할 수 없습니다."

그렇게 말하고 세 사람은 불에 던져집니다. 그런데 그 후 놀라운 일이 벌어집니다. 하나님이 천사를 보내 그들을 지킨 것입니다. 세 사람은 머리카락 하나도 타지 않았습니다.

그 모습을 본 왕의 반응을 볼까요? 3:28-29절입니다. 왕이 하나님을 찬양합니다. 왕이 하나님을 인정하고 하나님의 이름을 거룩히 여기라고 명령합니다. 이제껏 하나님을 믿지 않던 왕이 하나님을 인정하게 됩니다. 그리고 세 친구들을 모함했던 이들이 대신 풀무불로 죽게 됩니다.

진짜의 가치는 위기에서 가장 잘 드러납니다. 평범한 일상에서 진짜와 가짜를 구별하기란 쉽지 않습니다. 하지만 위기의 상황에서는 누가 진짜인지 극명하게 드러납니다.

뜨거운 풀무불과 같은 연단을 거칠 때 다이아몬드 같은 보석이 탄생되는 것처럼, 진짜는 연단의 과정 속에서 빛을 발합니다. 이것이 진짜 그리스도인의 모습입니다.

위기를 넘어서는 진짜의 가치

다니엘에게서도 비슷한 장면이 나옵니다. 다리오 왕 때입니다. 다니엘을 시기하던 신하들이 다니엘을 죽일 구실을 찾습니다. 그런데 다니엘에게는 흠이 되는 것이 없었습니다. 하나님 앞에서 신실하게 살았던 다니엘은 부패와 부조리와는 거리가 멀었던 사람입니다. 하나님과 깊은 소통의 관계에 있었기에, 다니엘은 모든 일에 있어서 하나님을 의식하고 의지하였습니다. 하나님 앞에서 사는 이가, 어찌 인간적인 방법으로 일을 처리하거나 자신의 욕심을 추구할 수 있을까요? 다니엘은 무너뜨리기 원했던 사람들은 그에게 흠이 없음을 알았습니다. 그래서 하나님을 섬기지 못하도록 하는 것 말고는 그를 무너뜨릴 수 없다고 생각합니다.

6:7절을 보면 그들이 꾀를 내어서 한 달 동안 왕 이외에 다른 신에게 절을 하면 사자굴에 넣기로 왕을 설득합니다. 왕을 신격화 시켜서 왕만을 섬기도록 한 것이지요. 다니엘이 매일 하나님께 기도하고 있음을 알았습니다. 그래서 그것을 이용합니다. 하지만 왕의 금령이 찍힌 조서가 내려온 줄 알면서도 다니엘은 이전에 하던 대로 예루살렘을 향하여 하루에 세 번 기도합니다. 왕을 섬기지 않고 하나님을 신실하게 예배합니다. 그리고 다니엘은 사자굴에 들어가게 됩니다.

왕의 반응을 볼까요? 6:16, 20절에서 왕은 다니엘이 섬기는 하나님이 그를 구원해 줄 것이라 여겼습니다. 왕조차도 다니엘이 죽기를 원하지 않았습니다. 비록 그가 자기의 명령 때문에 사자굴에 들어갔지만 다니엘이 살아있기를 간절히 소원합니다. 다니엘이 사자굴에 들어갔지만 죽지 않았습니다. 하나님이 사자의 입을 막았기 때문이죠. 오히려 다니엘을 참소했던 이들이 대신 사자굴에 던져졌고, 죽음을 맞이하게 됩니다. 그런데 왕의 이렇게 고백합니다.

6:26 내가 이제 조서를 내리노라. 내 나라 관할 아래에 있는 사람들은 다 다니엘의 하나님 앞에서 떨며 두려워할지니 그는 살아 계시는 하나님이시요 영원히 변하지 않으실 이시며 그의 나라는 멸망하지 아니할 것이요 그의 권세는 무궁할 것이며 27 그는 구원도 하시며 건져내기도 하시며 하늘에서든지 땅에서든지 이적과 기사를 행하시는 이로서 다니엘을 구원하여 사자의 입에서 벗어나게 하셨음이라 하였더라.

다리오 왕의 고백입니다. 그가 하나님을 두려워하며, 인정하고 고백합니다. 자신만 고백하는 것이 아니라 그 제국에 있는 모든 백성들로 하여금, 하나님을 두려워하도록 합니다. 진짜는 스스로를 증명합니다. 만일 스스로 증명할 수 없다면, 그것은 진짜가 아닙니다. 진짜는 상황에 따라 변하지 않습니다. 오히려 상황을 변화시킴니다. 그것이 진짜의 능력입니다.

다니엘과 세 친구가 겪은 두 사건의 공통점은 믿지 않는 왕과 신하들이 결국 하나님을 인정하게 되었다는 사실입니다. 다니엘과 세 친구가 믿음을 지켰을 때, 죽음의 상황 앞에서 하나님은 그들을 지켰습니다. 그리고 하나님의 살아계심을 증거 하였습니다. 죽음 앞에서도 두려워하지 않는 용기는 어디에서 나올까요? 하나님을 신뢰하는 깊은 믿음입니다. 가짜가 판치는 세상에서 진짜가 진짜로 인정받을 수 있는 비결은 바로 우리 안에 있습니다. 다른 사람에게 인정받기 위해 노력하는 것이 아니라 내 안에 그리스도가 살아계심으로 복음의 진리를 드러내십니다.

진짜 그리스도인은 세상 사람들에게 그 믿음을 인정받는 사람입니다. 세상과 같지 않은 삶의 모습으로, 가치관으로 시대의 변화를 이끌어가는 남자. 이것이 남자가 추구해야 할 믿음의 모습입니다.

진실한 남자가 롱런한다

6:28 다니엘이 다리오 왕의 시대와 바사 사람 고레스 왕의 시대에 형통하였더라.

다니엘서를 충분히 이해하기 위해서는 왕과 정권의 변화에 주목해야 합니다. 다니엘서에 총 네 명의 왕이 등장합니다.

1장부터 4장까지는 바벨론 왕 느부갓네살이 나옵니다. 이 왕은 예루살렘 성을 에워싸고, 성전에 있는 그릇과 보물을 빼앗아 갑니다. 두 번째 등장하는 왕은 5장부터 나오는 느부갓네살의 아들 벨사살입니다. 그런데 그는 암살당합니다. 세 번째 왕은 6장에 등장하는 다리오입니다. 그리고 네 번째 왕은 바사(페르시아)의 고레스입니다. 바벨론이 멸망하고 페르시아가 고대 중동지역을 장악합니다. 그리고 고레스가 왕이되죠. 고레스는 포로귀환 시대인 에스라와도 연결됩니다.

그런데 신기한 것은 이 네 명의 왕들이 나라를 다스릴 때 다니엘이 모두 총리가 되었다는 사실입니다. 놀랍지 않습니까? 우리는 정권만 바뀌어도 총리가 바뀝니다. 아니, 한 대통령이 다스릴 때 총리는 자주 바뀝니다. 영원한 권력은 없습니다. 사람들이 서로 갈망하기 때문에, 자의든 타의든 정권은 매번 교체되기 마련입니다. 또한 인간의 불완전함으로 리더의 자리에서 오랫동안 좋은 리더십을 발휘하는 것은 상당히 어려운 일입니다.

하지만 다니엘은 왕이 바뀌어도 매번 총리가 됩니다. 아버지 느부갓네살 왕 때 총리가 된 그를, 아들 벨사살도 총리로 세웁니다. 그가 암살되고 다리오가 왕이 되었지만, 다리오는 다니엘을 더 사랑합니다. 그리고 6:28을 보면 바사 사람 고레스 때까지 형통했다고 합니다.

이것이 다니엘서의 핵심입니다. 나라가 바뀌고 왕이 바뀌어도, 진짜 하나님의 사람은 롱런한다는 사실입니다. 왕과 권력의 힘에 기대었던 신하들은 왕이 바뀌면 다 사라졌습니다. 권력의 역사에서 숙청되고 함께 몰락했습니다. 그러나 다니엘은 아니에요. 계속 쓰임 받게 됩니다.

왜일까요? 그것은 시대의 조류를 좇아가지 않았기 때문입니다. 자신의 실력을 믿거나, 좋은 인간관계를 유지해서 권력을 누리려고 하지 않았기 때문입니다. 유행을 따르지 않았기 때문이에요. 그는 사람들의 시선을 크게 의식하지 않았습니다. 권력보다 더 높이 계시는 하나님을 의지했습니다. 진짜 하나님의 사람들, 진짜 그리스도인이 어떻게 살아야하는지를 잘 보여주는 대목입니다. 사람과 상황에 좌우되는 인생은 오래가지 못합니다. 영향력 있게 살아가지 못합니다. 변하는 것이 아니라 변하지 않는 가치와 원리를 붙잡아야 합니다.

남자가 추구해야 할 진짜 가치는 하나님입니다. 남들이 흉내 내지 못하는 하나님을 향한 사랑과 신념으로, 자신의 분야에서 최고의 전문성을 발휘하는 것입니다.

다니엘이 총리의 자리에서 롱런하는 것은 단지 신앙이 좋아서가 절대로 아닙니다. 7장부터는 다니엘이 보았던 환상들이 나옵니다. 그가 시대를 통찰하는 눈을 가지고 있음을 알 수 있습니다. 역사의 주인이신 하나님의 관점으로 세상을 바라보고 있습니다. 시대의 연약함이 무엇인지 파악하고 있었고 하나님의 선한 도우심을 구하기도 합니다.

다니엘은 하나님과 깊은 교제를 통하여 주변국의 정세와 상황들의 변화를 감지하고 있었습니다. 역사의 뒤에서 일하시는 하나님을 신뢰했을 뿐만 아니라 냉철한 판단과 시각으로 상황을 분석합니다. 시대를 꿰뚫는 능력, 바로 남자의 힘입니다. 신문 기사에 오르내리는 여론으로 세상을 보는 것이 아니라 더 높고 깊은 차원에서 바라보는 것입니다.

다니엘이 주는 핵심은 '진짜가 인정받는다'는 것입니다. 유행과 이슈를 쫓아가기 바쁜 우리 시대의 남자들에게 요청되는 사항입니다. 나는 진짜로 살고 있는지 자문해야 합니다. 가짜인데 진짜를 흉내 내는 삶이 아닌지 생각해 보아야 합니다. 진짜는 하나님의 일하심을 보는 사람이며, 시대의 조류를 거슬러 올라 스스로의 가치를 증명하는 사람입니다. 하나님은 진짜를 통하여 일하십니다.

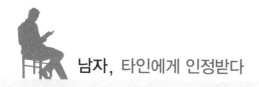

남자, 타인에게 인정받다

전쟁터에서 장수는 자신을 인정해 주는 주군에게 목숨을 겁니다. 남자는 자신을 믿어주고 인정해주는 그를 위해 삽니다. 이것이 남자가 살아가는 방식입니다.

1 진짜와 가짜를 구분하라

가짜와 짝퉁이 많아지면서 무엇이 진짜인지 구별하기기 쉽지 않습니다. 진짜보다 더 진짜 같은 가짜의 세상에서 진짜들은 점점 설 자리를 잃어갑니다. 오히려 진짜가 가짜 대접을 받기도 합니다. 사람도 마찬가지입니다.

2 남자, 그리스도인으로 살다

그리스도인은 세상을 다르게 살아온 사람들입니다. 복음의 핵심을 붙잡고 자신의 목숨까지도 내어놓은 인생을 살았습니다. 갖은 핍박과 멸시 속에서도 인내하며 자신이 바라보는 예수의 삶을 쫓았습니다. 그리고 그런 그리스도인들은 세상을 변화시켰습니다.

3 다니엘과 세 친구의 진정성

하나님을 향한 그들의 뜨거운 믿음은 풀무불과 사자굴의 죽음에서도 변하지 않습니다. 하나님을 믿는 척한 것이 아니라 진실로 믿었습니다. 믿음은 곧 삶입니다. 삶의 진정성이 묻어나는 사람이 진짜 믿음을 소유한 사람입니다.

4 위기를 넘어서는 진짜의 가치

진짜는 위기 상황에서 빛을 발합니다. 뜨거운 온도와 높은 압력을 견디어 다이아몬드가 만들어지듯이 많은 고난과 위기 속에서 남자는 진정한 남자로서 거듭나게 됩니다. 위기 앞에 있다면 당신은 지금 진실 된 남자로 세워지는 과정인 것입니다.

5 진실한 남자가 롱런한다

상황에 따라 자리를 옮기거나 줄타기를 하는 사람은 절대로 오래가지 못합니다. 잠깐 반짝였다가 사라지는 촛불 인생에 불과합니다. 하지만 하나님을 붙잡으며 상황에 흔들리지 않는 사람은 롱런합니다. 자리가 그를 만든 것이 아니라 그의 믿음이 그를 세워 나가기 때문입니다.

11

남자,
영웅을 꿈꾸다

아모스 2:6-12, 9:11-15

6 여호와께서 이와 같이 말씀하시되 이스라엘의 서너 가지 죄로 말미암아 내가 그 벌을 돌이키지 아니하리니 이는 그들이 은을 받고 의인을 팔며 신 한 켤레를 받고 가난한 자를 팔며

7 힘 없는 자의 머리를 티끌 먼지 속에 발로 밟고 연약한 자의 길을 굽게 하며 아버지와 아들이 한 젊은 여인에게 다녀서 내 거룩한 이름을 더럽히며

8 모든 제단 옆에서 전당 잡은 옷 위에 누우며 그들의 신전에서 벌금으로 얻은 포도주를 마심이니라

9 내가 아모리 사람을 그들 앞에서 멸하였나니 그 키는 백향목 높이와 같고 강하기는 상수리나무 같으나 내가 그 위의 열매와 그 아래의 뿌리를 진멸하였느니라

10 내가 너희를 애굽 땅에서 이끌어 내어 사십 년 동안 광야에서 인도하고 아모리 사람의 땅을 너희가 차지하게 하였고

11 또 너희 아들 중에서 선지자를, 너희 청년 중에서 나실인을 일으켰나니 이스라엘 자손들아 과연 그렇지 아니하냐 이는 여호와의 말씀이니라

12 그러나 너희가 나실 사람으로 포도주를 마시게 하며 또 선지자에게 명령하여 예언 하지 말라 하였느니라

11 그 날에 내가 다윗의 무너진 장막을 일으키고 그것들의 틈을 막으며 그 허물어진 것을 일으켜서 옛적과 같이 세우고

12 그들이 에돔의 남은 자와 내 이름으로 일컫는 만국을 기업으로 얻게 하리라 이 일을 행하시는 여호와의 말씀이니라

13 여호와의 말씀이니라 보라 날이 이를지라 그 때에 파종하는 자가 곡식 추수하는 자의 뒤를 이으며 포도를 밟는 자가 씨 뿌리는 자의 뒤를 이으며 산들은 단 포도주를 흘리며 작은 산들은 녹으리라

14 내가 내 백성 이스라엘이 사로잡힌 것을 돌이키리니 그들이 황폐한 성읍을 건축하여 거주하며 포도원들을 가꾸고 그 포도주를 마시며 과원들을 만들고 그 열매를 먹으리라

15 내가 그들을 그들의 땅에 심으리니 그들이 내가 준 땅에서 다시 뽑히지 아니하리라 네 하나님 여호와의 말씀이니라

남자,
정의를 외치며
살아가다

아모스

  마이클 샌델의 〈정의란 무엇인가〉라는 책이 한국 사회에서 큰 이슈가 되었습니다. 일반인들이 읽기 쉽지 않은 책임에도 불구하고 큰 반향을 일으킨 이유가 무엇일까요? 바로 우리 사회가 정의가 사라졌다는 반증입니다.

  시대마다 그 시대가 요구하는 가치들이 있습니다. 가치는 사회와 공동체가 바라보는 지향점이고 원동력이며 소통의 핵심입니다. 가치를 붙들면 정당성을 가질 수 있지만 가치를 놓치면 사람들로부터 외면을 받게 됩니다. 우리 시대의 가치는 정의와 평화입니다. 이 둘의 공통점은 관계 안에서 완성된다는 것이죠.

  사회가 요구하는 정의와 평화를 말하기 전에 먼저 우리 안에 그러한 가치들이 살아 있는지를 물어야 합니다. 나는 정의로운가, 나는 평화를 지향하는가를 스스로에게 물어야 합니다. 또한 교회가 정의와 평화를 위해 몸부림치고 있는지도 확인해야 합니다.

그리고 확인할 것이 하나 더 있습니다. "하나님의 정의와 평화가 무엇일까?" 하는 것입니다. 사회가 말하는 정의와 평화도 중요하지만, 하나님께서 말씀하시는 정의와 평화가 더욱 중요합니다. 그리스도인들이 외치는 정의와 평화는 하나님의 정의와 평화입니다. 하나님을 섬기는 남자라면 그분의 정의와 평화를 위해 헌신할 준비가 되어 있어야 합니다.

정의와 평화를 외치는 그리스도인

아모스 5:24 오직 정의를 물같이 공의를 마르지 않는 강같이 흐르게 할지어다.

미가서 6:8 사람아 주께서 선한 것이 무엇임을 네게 보이셨나니 여호와께서 네게 구하시는 것은 오직 정의를 행하며 인자를 사랑하며 겸손하게 네 하나님과 함께 행하는 것이 아니냐.

성경에서 정의와 평화를 외친 사람들이 있었습니다. 바로 아모스와 미가 선지자입니다. 그들이 예언하던 당시의 이스라엘 사회에는 정의와 평화가 사라졌습니다. 우상이 가득했을 뿐 아니라 경제적 불평등이 심각했고, 원칙이 사라진 사회였습니다.

멸망해 가는 나라의 운명 앞에 하나님께서 원하시는 것은 형식적인 예배와 종교생활이 아니라, 그 땅에서 정의가 흐르게 하고 겸손하게 하나님과 함께 살아가는 삶이었습니다. 예배만 드리고 돌아가는 종교인이 아니라 하나님을 정의와 평화를 지키며 사는 성도들이 필요했습니다.

정의와 평화는 아모스나 미가와 같은 선지자들이 외치는 전유물이 아닙니다. 특별한 사람들만이 실천하는 것도 아닙니다.

선지자는 '먼저 깨달은 사람', 예언자는 '말씀을 맡은 사람'이라는 뜻입니다. 다시 말해 선지자, 예언자는 '무슨 환상을 보고 이상한 소리를 듣고 미래에 대해서 말하는 사람'이 아니라, '하나님의 말씀을 먼저 깨닫고 그것을 통하여 세상을 바라보고 외치는 사람'입니다. 정직한 눈과 양심을 회복한 사람입니다.

나단과 엘리야 같은 선지자들이 하나님의 말씀을 잘 전달했습니다. 하지만 시간이 지나면서 선지자가 하나의 직업이 되고 사회 상류층으로 전락하게 됩니다. 하나님의 말씀을 외치기보다는 왕과 권력자들에게 기대어 그들이 듣기 좋아하는 말을 하기 시작합니다. 한마디로 타락해 버린 것이죠. 그럴 때 하나님은 평범한 사람들을 세워 말씀하게 합니다. 바로 '호쩨'들이죠.

아모스 7:12 아마샤가 또 아모스에게 이르되 선견자야 너는 유다 땅으로 도망하여 가서 거기에서나 떡을 먹으며 거기에서나 예언하고 13 다시는 벧엘에서 예언하지 말라. 이는 왕의 성소요 나라의 궁궐임이니라. 14 아모스가 아마샤에게 대답하여 이르되 나는 선지자가 아니며 선지자의 아들도 아니라. 나는 목자요 뽕나무를 재배하는 자로서 15 양 떼를 따를 때에 여호와께서 나를 데려다가 여호와께서 내게 이르시기를 가서 내 백성 이스라엘에게 예언하라 하셨나니.

북이스라엘의 제사장이던 아마샤가 아모스에게 와서 "호쩨야, 너는 여기에서 예언하지 마라. 네 동네로 돌아가라."고 말합니다. 그때 아모스는 "나는 선지자가 아니다, '나비'가 아니다, '나비'의 아들도 아니다, 나는 호쩨다. 양치기다, 뽕나무를 재배하는 농부다. 그러나 하나님이 나를 불렀다. 하나님이 나에게 말씀하라고 하신다."고 답합니다. 당시에 '나비'와 '로에'로 불리우는 선지자들이 있었습니다. 하지만 그들이 제자리에 올바로 서지 못할 때 하나님은 호쩨들을 세우십니다.

아모스는 평범한 백성으로, 양치기이자 농부였습니다. 하나님은 직업적인 선지자를 통하여 말씀하지 않고 일반 백성들, 아모스처럼 자신의 일을 성실하게 감당하는 호쩨들로 하나님의 귀한 사역을 맡기십니다. 그리고 평범한 우리에게도 동일하게 하나님의 말씀을 외치라고 말씀합니다.

부조리와 타락으로 무너져가는 이 땅에서 사회 정의를 구현하라는 것은 너무나 커다란 일처럼 보입니다. 또 특별한 능력을 가진 사람들이 하는 엄청난 사역처럼 느껴집니다. 하지만 하나님은 능력 있는 사람들을 부르지 않고, 매우 평범한 양치기 같은 우리에게 말씀합니다. 일어나서 말씀을 선포하라고 합니다. 외치라고 명령합니다.

사자후와 같은 강력한 외침도 좋지만, 삶의 자리에서 각자의 목소리로 외칠 수 있을 만큼 소리쳐도 괜찮습니다. 말이 어렵다면, 삶으로 보여 줘도 좋습니다. 중요한 것은 정의와 평화를 선포하는 것입니다.

아모스와 미가가 정의를 외치는데 그렇게 말하는 두 사람은 과연 정의로웠을까요? 그들이 평화를 말한다고 과연 평화의 사람이었을까요? 아닙니다. 우리가 정의와 평화를 말할 수 있는 것은 바로 하나님이 정의이기 때문입니다. 하나님이 평화이기 때문입니다. 우리가 정의와 평화를 말하는 것은 그것이 하나님이 성품이고, 하나님의 본질이고, 하나님의 존재이고, 하나님의 다른 이름이기 때문입니다.

우리가 하나님의 사람이라면, 또 하나님을 예배하고 섬기는 사람이라면, 정의와 평화를 추구하며 살아야 합니다.

하나님이 정의롭기에 우리도 정의로워야 합니다. 하나님이 평화이기에 우리도 평화로워야 합니다. 그 어떤 영웅주의적인 행동으로 무장한 정의가 아니라, 전쟁이 없이 한가로이 누리는 평화가 아니라 하나님의 통치와 질서 아래에 있는 정의와 평화를 추구하는 것입니다.

폭력과 부정의로 물든 주변 나라

아모스는 1장에서 이스라엘의 주변 나라들을 향해 경고합니다. 1장에는 여섯 개 나라의 죄악들을 경고하는 장면이 등장합니다. 3절에는 다메섹은 서너 가지 죄를 지었는데, 그들이 길르앗을 철타작기로 압박했습니다. 농사할 때 쓰는 도구로 사람을 그렇게 고통스럽게 죽였습니다. 6절에는 "가사가 노예를 에돔에 팔았습니다.", 9절에는 "두로가 형제의 계약을 어기고 노예를 에돔에 팔았습니다.", 11절에는 "에돔이 칼로 그 형제들을 죽였다."고 나옵니다. 그리고 13절에는 "암몬이 길르앗의 임신한 여자의 배를 갈라 죽였다."고 기록되어 있으며, 2장 1절에서는 "모압이 시체를 다시 불살랐다."고 말합니다.

아모스가 지적하는 주변국들의 죄를 한마디로 요약하자면 잔인한 '폭력성'입니다. 폭력의 본질은 관계의 파괴입니다. 단지 물리적인 힘의 행사를 말하는 것이 아니라, 공동체의 질서를 전복시키는 모든 행위를 말하는 것입니다. 아모스는 주변국들의 잔혹한 폭력성을 지적하며, 분명 하나님께서 그들을 심판하실 것이라고 경고합니다.

아모스의 정의와 평화는 '비폭력'을 전제로 합니다. 힘으로 압제하며 억압하는 모든 폭력을 거부합니다. 물리적 폭력을 비롯해서 구조적 폭력, 심리적 폭력 모두 하나님께서 심판하실 죄악으로 규정합니다.

정의와 평화를 위해 폭력을 사용해야 한다는 입장을 '정당전쟁론(Just war)'이라고 부릅니다. 전쟁이 정당하다는 것이죠. 좋은 목적을 이루기 위해서 폭력을 허용하는 것을 말합니다.

하지만 좋은 목적이 종교의 옷을 입으면 '성전(Holy War)'이 됩니다. 거룩한 전쟁이 되는 것이지요.

우리는 기독교의 역사 속에 있었던 십자군 전쟁의 폐해에 대해서 잘 알고 있습니다. 하나님의 이름을 위하여, 이교도들을 죽이는 것을 '거룩한 전쟁'이라 불렀습니다. 믿음과 신앙의 차원에서 살인을 허용했습니다. 그런 국가를 지지했고, 그런 믿음과 신앙을 따랐습니다.

하지만 하나님의 정의와 평화는 절대로 세상의 권력과 힘에 기대어 이루어지는 것이 아닙니다. 〈예수의 정치학〉을 쓴 존 하워드 요더는 평화를 위해 주님께서 택하신 방법이 '십자가'라고 말합니다. '비폭력 무저항'. 힘이 없어서 십자가를 지신 것이 아니라 힘이 있음에도 사용하지 않은 것입니다.

세상의 질서는 힘 있는 자가 힘을 사용하고 힘이 없는 사람은 억압해야 하지만, 예수님은 그 질서를 뒤집어서 힘이 있는 자가 희생하는 하나님 나라의 새로운 질서를 보여 주셨습니다.

요더의 영향을 받은 기독교 윤리학자 스탠리 하우어워스는 "미국이 다른 나라의 자유를 원한다면 전쟁할 것이 아니라 교회를 세워야 한다."고까지 말합니다.

쉽게 동의할 수 없는 이야기이지만, 전쟁의 한복판에서 예수를 말하고 평화를 외치며 살아가는 것이 교회가 할 수 있는 가장 실제적인 방법이라는 사실입니다. 정의와 평화를 위해 폭력을 지지하는 것이 아니라 예수를 따르는 삶으로 보여주는 것입니다.

주변의 정세를 파악하는 아모스의 모습이 신기한 것은 뽕나무를 재배하는 농부, 양치기인 그가 어떻게 주변국들의 상황을 잘 파악하고 있었냐는 것입니다. 아모스는 정의와 평화의 눈으로 세상을 바라보는 하나님의 관점을 가지고 있었습니다. 권력과 경제의 논리로 세상을 보는 것이 아니라, 정의와 평화의 관점으로 세상을 본 것입니다.

그들과 다르지 않은 신앙 공동체

2:6 여호와께서 이와 같이 말씀하시되 이스라엘의 서너 가지 죄로 말미암아 내가 그 벌을 돌이키지 아니하리니 이는 그들이 은을 받고 의인을 팔며 신 한 켤레를 받고 가난한 자를 팔며 7 힘없는 자의 머리를 티끌 먼지 속에 발로 밟고 연약한 자의 길을 굽게 하며 아버지와 아들이 한 젊은 여인에게 다녀서 내 거룩한 이름을 더럽히며 8 모든 제단 옆에서 전당 잡은 옷 위에 누우며 그들의 신전에서 벌금으로 얻은 포도주를 마심이니라.

2장에서 아모스는 자신의 나라 남유다와 북이스라엘의 잘못을 지적합니다. 그 중에서 북이스라엘의 죄악상을 자세히 기록하고 있습니다.

북이스라엘 여로보암 2세 시절, 하나님의 관점에서 보면 너무나 타락한 나라였지만, 그때 경제적으로 가장 성장했습니다. 영토도 넓어지고 무역도 잘 되어서 나라가 부강해집니다.

하지만 시장 경제논리가 작동되면서 빈부의 차가 극심해졌고, 이에 따라 공동체 윤리가 사라지게 됩니다. 당시 북이스라엘은 철저히 돈의 논리가 지배하는 사회였습니다. 외형적으로는 하나님을 따르는 것 같지만 그들은 철저히 맘몬을 따르는 삶이었어요.

의인을 돈을 받고 팝니다. 가난한 자를 신 한 켤레에 팝니다. 돈과 생필품으로 사람을 사고팝니다. 당시에는 이런 일이 아무렇지도 않았습니다. 힘없는 사람의 머리를 발로 밟습니다. 더욱 기가 막힌 것은 좀 있다는 사람들의 아버지와 아들이 한 여인과 잠자리를 합니다. 어른이나 아이 할 것 없이 부끄러워 하지 않고 성관계를 돈주고 합니다.

종교지도자들은 어땠을까요? 제단 옆에 전당 잡은 옷이 있다는 것을 볼 때, 제사장들이 사채업을 하는 것으로 보입니다. 성전에는 늘 현금이 있으니까요. 신자들을 대상으로 특별히 옷을 맡기고 돈을 빌릴 수 밖에 없는, 가진 것이라고는 옷 한 벌밖에 없는 서민들을 대상으로 사채업을 합니다.

추운 밤을 옷 한 벌에 의지해서 살아가는 사람들을 억압해서 자신들의 배를 채웁니다. 부한 자들과 종교인들이 그 위에서 술을 마시며 즐깁니다. 별장을 두세 개나 가지고 있고 귀부인들은 살찐 암소처럼 누워서 술을 마십니다.

아모스가 지적하는 이스라엘의 가장 큰 죄는 바로 공동체성의 파괴입니다. 하나님 중심의 삶에서 벗어나 각자의 행복과 쾌락을 즐기며 사는 것입니다. 신앙의 연대가 무너지고, 예배 중심의 공동체적 삶이 파괴됩니다. 백성들이 하나님을 바라보고 예배하지 않고 다른 것을 바라봅니다. 우상과 돈 때문에 하나님의 질서가 무너집니다. 공동체가 점점 병들어 갑니다.

그것뿐일까요? 12절을 보면 하나님의 사람들, 나실인들에게 술을 먹이고 그들의 타락을 즐깁니다. 선지자들에게는 말씀을 전하지 못하게 합니다. 하나님의 사람들까지 타락하게 만듭니다. 하나님의 정의를 드러내고 삶으로 기준을 제시해야 하는 사람들이 점점 사라져 갑니다.

8:4 가난한 자를 삼키며 땅의 힘없는 자를 망하게 하려는 자들아 이 말을 들으라. 5 너희가 이르기를 월삭이 언제 지나서 우리가 곡식을 팔며 안식

일이 언제 지나서 우리가 밀을 내게 할꼬 에바를 작게 하고 세겔을 크게 하여 거짓 저울로 속이며 6 은으로 힘없는 자를 사며 신 한 켤레로 가난한 자를 사며 찌꺼기 밀을 팔자 하는도다.

그들의 신앙생활은 더욱더 가관입니다. "월삭과 안식일이 빨리 지나야 장사를 하고 일을 시킬 텐데……"라고 말합니다. 하나님을 예배하는 주일을 시간 낭비라고 여깁니다. 주일이 없어야 장사를 하고 돈을 벌 테니 주일이 빨리 지나갔으면 합니다.

에바는 작게 하고 세겔은 크게 합니다. 에바는 곡식 한 말을 의미하는데, 일꾼들에게 주는 품삯입니다. 일을 시키지만 품삯은 깎겠다는 것입니다. 일을 시키고 월급은 적게 주는 것입니다. 세겔은 성전세를 드릴 때 쓰는데, 금 3돈 정도 됩니다. 세겔은 더 크게 해서 종교세를 더 많이 받겠다는 것입니다. 철저히 권력자들이 자신의 이익만을 추구합니다.

세상이 돈의 노예가 되어 버렸습니다. 자본주의에 철저하게 물들어 있는 모습을 보여 줍니다. 이것은 오늘날 우리의 모습이기도 합니다. 우리도 별반 그들과 다르지 않습니다.

사람의 가치를 돈으로 매기는 것, 힘없는 이들에게서 부당한 이익을 취하는 것, 자신의 이익을 위해 하나님을 떠나가는 것, 우리도 다 하는 일들입니다. 우리 사회도 하나님의 공동체성을 잃어 가고 있습니다.

대안 공동체가 필요하다

몰트만은 가난의 반대는 '부'가 아니라 '공동체'라고 말합니다. 가난한 사람에게 필요한 것은 돈이 아니라 함께할 공동체가 필요하다는 것입니다. 부족하더라도 서로 먹이고 입히며 함께하는 사람들이 있다면, 충분히 극복하고 이겨 낼 수 있습니다.

작년 1월 SBS에서 〈최후의 제국〉이라는 4부짜리 다큐멘터리를 방영했습니다. 고장 난 자본주의를 지적하며 미국과 중국의 모습을 보여 주었습니다.

플로리다에 있는 초등학교의 아이들 과반수가 아침을 못 먹고 옵니다. 집이 없어서 여기저기 떠돌아다니는 수많은 사람들, 하수구 맨홀에서 사는 사람들, 의료보험이 비싸 치료를 받지 못한 사람들까지…… 돈 때문에 죽어가는 수많은 영혼들을 보여 주었습니다.

그러면서 다큐멘터리의 연출자는 그 대안으로 사회로 한 공동체를 소개하며, 태평양 한가운데서 살아가는 섬사람들을 보여줍니다. 그들은 아로파 사람들입니다. 사랑을 실천하며 사는 사람들. 그들이 가진 것이라곤 감자와 생선 몇 개가 전부지만, 서로 나누며 사는 행복한 모습을 보여 줍니다.

가난의 대안은 공동체입니다. 불의와 부패의 대안도 공동체입니다. 초대교회 공동체가 바로 그런 곳이었어요.

각자 필요에 따라 나누고 함께 밥을 먹고 도우며 살았습니다. 중대한 결정을 함께 기도하며 결정합니다. 그래서 교회에 희망이 있는 것입니다. 사회에 정의와 평화가 사라져 갈 때 그 대안이 공동체에 있는데, 바로 '교회 공동체'라는 것입니다.

교회는 하나님의 정의와 평화를 이루어 나갈 공동체입니다. 공동체의 가족이 아픈데 함께 눈물 흘리지 않겠습니까? 가족이 배가 고픈데 같이 밥을 나눠 먹지 않겠어요? 공동체가 대안입니다.

이스라엘이 멸망한 결정적인 이유는 경제력과 군사력이 약해서가 아닙니다. 외부의 침입때문이 아닙니다. 외적인 요인보다는 내적인 요인, 즉 불평등하고 부정의 한 사회가 되어 버렸기 때문입니다.

정의는 하나님의 또 다른 이름

9:11 그날에 내가 다윗의 무너진 장막을 일으키고 그것들의 틈을 막으며 그 허물어진 것을 일으켜서 옛적과 같이 세우고 12 그들이 에돔의 남은 자와 내 이름으로 일컫는 만국을 기업으로 얻게 하리라. 이 일을 행하시는 여호와의 말씀이니라.

아모스는 모든 나라들의 죄악성을 지적한 뒤에 하나님이 꿈꾸시는 한 모델을 제시합니다. 하나님께서 무너진 다윗의 장막을 다시 세우길 원하신다고 합니다. 왜 다윗의 장막일까요? 왜 하나님이 다윗의 장막을 그토록 그리워할까요?

다윗의 장막은 하나님이 가장 기쁘게 받으셨던 예배의 장소입니다. 솔로몬의 성전보다도 모세의 장막보다 더 하나님께서 가장 기뻐하셨던 것은 다윗의 예배였습니다. 다윗이 먼저 예배하고 하나님을 찬양했을 때, 온 백성들이 함께 하나님을 높였습니다.

다윗의 시대에는 하나님의 말씀이 살아 있었고, 하나님의 통치가 온 나라에 미쳤습니다. 다윗을 중심으로 백성들은 신앙의 공동체를 형성했습니다. 언약궤 앞에서 함께 춤추고 노래하며 함께 예배합니다. 하나님은 그런 공동체를 꿈꿉니다.

9:13 여호와의 말씀이니라. 보라 날이 이를지라. 그때에 파종하는 자가 곡식 추수하는 자의 뒤를 이으며 포도를 밟는 자가 씨 뿌리는 자의 뒤를 이으며 산들은 단 포도주를 흘리며 작은 산들은 녹으리라. 14 내가 내 백성 이스라엘이 사로잡힌 것을 돌이키리니 그들이 황폐한 성읍을 건축하여 거주하며 포도원들을 가꾸고 그 포도주를 마시며 과원들을 만들고 그 열매를 먹으리라. 15 내가 그들을 그들의 땅에 심으리니 그들이 내가 준 땅에서 다시 뽑히지 아니하리라. 네 하나님 여호와의 말씀이니라.

자신이 땀 흘려 수고한 것을 먹으며 그 열매를 감사하고 살아가는 사회. 사로잡혀 갔던 이들이 다시 돌아오고 삶이 회복되고, 황폐한 땅을 경작하여 포도원을 가꾸며 그 열매를 함께 먹는 사회를 꿈꿉니다.

하나님의 은혜와 축복이 머물러 있어 함께 더불어 살아가는 사회. 하나님의 정의가 살아 있어 하나님의 주권이 온 세상에 가득하게 채워지는 사회. 하나님 그 일에 아모스와 같은 여러분을 부르십니다.

정의와 평화는 남자들이 가슴속에 품고 있어야 할 가치입니다. 남자를 움직이는 원동력이 되어야 합니다. 자신만의 문제에 갇혀 있는 것이 아니라, 세상을 하나님의 나라로 변화시켜 나아갈 새로운 부르심 앞에 용기를 내야 합니다. 하나님의 정의의 눈으로 상황

을 바라보며 담대히 외쳐야 합니다. 무엇이 옳고 그른지를 분별할
수 있어야 합니다. 하나님은 그런 남자를 찾으십니다.

남자, 정의를 외치며 살아가다

정의로운 사람이 추앙받던 시절이 있었습니다. 사사로운 이익보다 더 큰 대의를 향해 갈 때 사람들은 그를 존경하고 지지했습니다. 하지만 시대가 지날수록 점점 대의는 사라지고, 사리사욕이 넘쳐나고 있습니다. 사회 정의를 말하는 사람을 오히려 비난하는 시대에 와 있습니다.

1 정의와 평화를 실천하는 그리스도인

그리스도인은 하나님의 나라를 이 땅에 세워 나가는 사람입니다. 하나님의 나라는 교회 안에 국한되는 것이 아닙니다. 우리가 살아가는 모든 삶의 자리가 곧 하나님의 나라입니다. 예수 그리스도의 주권과 통치가 인정되는 사회, 정의와 평화가 기틀이 되는 사회입니다.

2 폭력으로 물든 주변국

아모스 당시 이스라엘 주변국들의 포악성은 상상 이상이었습니다. 사람을 죽이는 것은 아무런 일이 아니었고, 심지어 임산부의 배를 가르고 뼈를 불사르도록 잔인하게 도륙했습니다. 폭력이 지배하는 사회는 힘이 질서입니다. 권력과 물질이 주인인 세상이었습니다.

3 그들과 다르지 않은 신앙 공동체

이스라엘이라고 다르지 않았습니다. 주변국들의 상황을 그대로 이어받았습니다. 돈을 사랑하고 힘을 자랑했습니다. 자신의 이익을 챙기기에 급급했고, 하나님이 방해가 된다면서 구석으로 몰아넣기도 했습니다. 신앙 공동체의 타락은 멸망을 눈앞에 둔 시대의 징조이기도 합니다.

4 대안 공동체가 필요하다

가난의 대안은 공동체입니다. 부정의의 대안도 공동체입니다. 하나님의 신실한 공동체가 해답입니다. 하나님의 정의와 평화로 이루어진 공동체는 사람을 살리고 사회를 변화시킵니다. 다윗의 장막과 같은 예배 공동체, 말씀 공동체가 필요합니다.

5 정의는 하나님의 또 다른 이름

우리가 믿는 하나님은 정의, 그 자체입니다. 하나님의 정의는 관계의 질서입니다. 하나님과 인간, 인간과 인간, 인간과 자연의 조화로운 질서를 말합니다. 질서가 무너질 때 자기 위치를 벗어나 방황하게 됩니다. 스스로 옳다고 여깁니다. 하나님의 정의는 그분의 주권 아래의 순종하는 것으로 완성됩니다.

12 남자,
영웅을 꿈꾸다

호세아 3:1-3, 6:1-6

1 여호와께서 내게 이르시되 이스라엘 자손이 다른 신을 섬기고 건포도 과자를 즐길지라도 여호와가 그들을 사랑하나니 너는 또 가서 타인의 사랑을 받아 음녀가 된 그 여자를 사랑하라 하시기로
2 내가 은 열다섯 개와 보리 한 호멜 반으로 나를 위하여 그를 사고
3 그에게 이르기를 너는 많은 날 동안 나와 함께 지내고 음행하지 말며 다른 남자를 따르지 말라 나도 네게 그리하리라 하였노라

1 오라 우리가 여호와께로 돌아가자 여호와께서 우리를 찢으셨으나 도로 낫게 하실 것이요 우리를 치셨으나 싸매어 주실 것임이라
2 여호와께서 이틀 후에 우리를 살리시며 셋째 날에 우리를 일으키시리니 우리가 그의 앞에서 살리라
3 그러므로 우리가 여호와를 알자 힘써 여호와를 알자 그의 나타나심은 새벽 빛 같이 어김없나니 비와 같이, 땅을 적시는 늦은 비와 같이 우리에게 임하시리라 하니라
4 에브라임아 내가 네게 어떻게 하랴 유다야 내가 네게 어떻게 하랴 너희의 인애가 아침 구름이나 쉬 없어지는 이슬 같도다
5 그러므로 내가 선지자들로 그들을 치고 내 입의 말로 그들을 죽였노니 내 심판은 빛처럼 나오느니라
6 나는 인애를 원하고 제사를 원하지 아니하며 번제보다 하나님을 아는 것을 원하노라

남자,
그가 사랑해야 할
사람들

호세아

남자의 인생에서 사랑을 빼면 무엇이 남을까요? 아마 아무것도 남지 않을 것입니다. 남자는 삶의 대부분의 시간을 사랑하며 살아갑니다.

소년의 사랑은 순수합니다. 단짝 친구에게 솜사탕 하나 건네는 소년의 사랑은 순수함 그 자체입니다.

젊은 청년의 사랑은 뜨겁습니다. 활활 타오르는 불처럼 가까이 다가가기만 해도 불이 붙습니다. 한 여자를 향하여 뜨겁게 전진합니다. 물불을 가리지 않고 사랑에 올인 합니다.

장년이 된 남자의 사랑은 원숙합니다. 넓은 들판의 거목처럼 존재 자체로 사랑을 드러냅니다. 있는 모습 그대로를 받아 줍니다.

노년의 남자도 사랑을 합니다. 그 사랑은 고요한 바다와도 같습니다. 세월의 풍파를 견디어 낸 남자의 사랑은 바다처럼 깊고 넓습니다. 모든 것을 품는 사랑입니다.

이처럼 남자에게 사랑을 빼면 아무것도 남지 않습니다. 그러므로 사랑하지 않는 남자는 남자이기를 포기한 존재인지도 모릅니다.

호세아 선지자를 통해 알 수 있는 것은 남자의 사랑입니다. 남자가 무엇을 사랑하며 어떻게 사랑해야 하는지 깨닫게 합니다. 또한 남자의 사랑에 무슨 의미가 담겨 있는지도 발견하게 됩니다.

남자의 사랑은 육체를 탐하는 사랑이 아닙니다. 욕심과 허전함을 채우는 사랑이 아닙니다. 남자의 사랑은 하나님의 사랑을 닮아 있습니다. 하나님이 세상을 사랑하신 것처럼, 가장 소중한 아들 예수를 이 땅에 보내신 것처럼, 남자의 사랑은 그런 사랑이어야 합니다.

아는 것이 사랑하는 것입니다

호세아서의 시대적 배경은 북이스라엘의 여로보암 2세때 이야기입니다. 북 이스라엘은 솔로몬 이후, 약 200년의 역사를 가지고 있습니다. 왕은 19명이 있었고 그중에서 여로보암 2세는 14번째 왕입니다.

열왕기상하를 보면 이 왕들에 대한 이야기가 자세히 나오는데 북이스라엘의 왕들은 하나같이 다 하나님 앞에서 범죄하였고 우상에 빠져 있었습니다. 여로보암 2세 때도 마찬가지입니다.

하나님은 그곳에 선지자 두 명을 보내어 회개하고 돌아오라고 말씀합니다. 호세아 말고 다른 한 사람은 누구일까요? 아모스입니다. 아모스와 호세아는 똑같이 여로보암 2세가 북 이스라엘을 다스리던 시기에 보내졌던 이들입니다.

그런데 왜 두 명이나 가서 말씀을 전했을까요? 한명으로는 안될까요? 그만큼 상황이 심각하다는 것입니다. 나라의 멸망이 가까이 다가왔다는 반증입니다.

아모스 선지자가 먼저 예언을 합니다. 그로부터 약 10여 년 뒤에 호세아 선지자가 다시 예언을 합니다. 그런데 북 이스라엘 사람들이 듣지 않았습니다. 하나님께로 돌아와 회개하지 않았고 여로보암 2세가 죽고 난 뒤 약 30여 년 후에 나라가 멸망하게 됩니다.

아모스의 선지자는 정의를 외칩니다. 하나님의 질서의 회복을 구합니다. 반면 호세아는 사랑을 전합니다. 6:6절에 '인애'라고 번역된 말이 히브리어로 '헤세드'인데, 이는 '하나님의 사랑'을 뜻합니다.

아모스는 정의로, 호세아는 사랑으로 북 이스라엘을 바라봅니다. 그리고 정의와 사랑을 회복하라고 외칩니다. 멸망하고 타락해가는 나라의 구체적인 내용이 바로 정의와 사랑입니다. 정의와 사랑이 무너지고 왜곡될 때 심판은 시작됩니다. 하지만 사람들은 선지자들의 목소리에 귀를 기울이지 않습니다.

정의와 사랑의 눈으로 성경을 보면, 그 시대의 사람들이 무엇을 잘못했는지 알 수 있습니다. 정의와 사랑은 성경을 읽는 중요한 하나의 관점입니다.

그리스도인들은 세상을 바라보는 하나의 관점이 있어야 합니다. 하나님의 눈과 마음으로 또한 정의와 사랑으로 세상을 바라 볼 수 있어야 합니다. 땅의 시선으로 사람들의 관점으로 살아가는 것이 아니라, 하늘의 시선으로 바라볼 수 있어야 합니다.

관점이 중요한 것은, 관점이 다르면 해석이 달라지기 때문입니다. 해석이 다르면 적용이 달라지기 때문입니다. 사람들이 왜 타락하며 살까요? 건강한 해석이 없기 때문입니다. 왜 그런 생각을 못할까요? 그런 관점이 없기 때문이에요. 왜 그런 관점이 없을까요? 하나님을 알지 못하기 때문입니다. 그럼 왜 하나님을 모를까요? 하나님을 사랑하지 않기 때문입니다.

사랑하는 것은 아는 것, 알아가는 것입니다. 반대로 아는 것이 사랑하는 것입니다. 하나님을 사랑하지 않으니까 하나님을 모르고, 하나님을 잘 모르니까 올바로 사랑하지 못하는 것입니다. 아모스와 호세아가 그 시대의 북 이스라엘 사람들과 다른 삶을 살 수 있었던 것은 하나님을 사랑하고 그분을 올바로 알았기 때문입니다.

4:6 내 백성이 지식이 없으므로 망하는도다. 네가 지식을 버렸으니 나도 너를 버려 내 제사장이 되지 못하게 할 것이요 네가 네 하나님의 율법을 잊었으니 나도 네 자녀들을 잊어버리리라.

하나님은 이스라엘 백성들이 망하는 이유를 구체적으로 "지식이 없어서"라고 말씀합니다. 이스라엘 백성들이 왜 우상을 섬겼을까요? 그것은 바로 하나님에 대한 올바른 지식이 없기 때문입니다. 모르기 때문에 우상에 빠진 것입니다.

그렇다면 왜 모를까요? 올바로 가르쳐 주는 사람들이 없었기 때문입니다. 온전하게 예배하는 사람들이 없었기 때문이에요. 사무엘처럼, 다윗처럼 하나님을 바라보는 신실한 사람들이 없었기 때문에 옳고 그른 것을 분별하는 힘이 없었습니다.

남자의 사랑은 올바르게 아는 것에서부터 시작합니다. 하나님을 올바로 아는 것처럼 상대방을 올바로 아는 것입니다. 올바른 앎은 친밀한 관계 안에 들어갈 때에야 비로소 상대방을 향해 눈을 뜨게 합니다. 그 사람에게 무엇이 필요한지, 그 사람이 무엇을 원하는지, 그 사람의 장점과 단점이 무엇인지 하나씩 알아갈 때, 비로소 사랑을 시작할 수 있습니다.

하나님의 마음을 느끼라

호세아는 하나님 사랑의 관점에서 북 이스라엘을 책망합니다.

"너희들이 하나님의 사랑을 버렸다. 하나님께로 돌아와야 한다. 하나님은 너희의 제사와 예배에 질렸다. 그것보다 하나님을 진실되게 사랑해야 한다."

호세아는 그렇게 외칩니다. 그런데 말로만 외치지 않습니다. 입으로만 사랑하라고 말하지 않습니다. 호세아가 직접 그 사랑을 보여 주고 있어요. 너무나 처절하게 자신의 삶으로 사랑을 표현해 냅니다.

호세아가 어떻게 사랑하는지 그의 가족 이야기를 살펴볼까요? 호세아의 가족을 보면 정말 눈물이 흘러내립니다.

1:2 여호와께서 처음 호세아에게 말씀하실 때 여호와께서 호세아에게 이르시되 너는 가서 음란한 여자를 맞이하여 음란한 자식들을 낳으라. 이 나라가 여호와를 떠나 크게 음란함이니라 하시니 3 이에 그가 가서 디블라임

의 딸 고멜을 맞이하였더니 고멜이 임신하여 아들을 낳으매……

하나님은 호세아에게 음란한 여자와 결혼하라고 합니다. 그래서 호세아는 고멜과 결혼합니다. 고멜, 쉽게 말하면 술집여자입니다. 몸을 파는 여자입니다. 여러분이라면 순종할 수 있겠습니까? 저는 자신이 없습니다.

그렇다면 하나님은 왜 그런 명령을 내렸을까요? 또 그 말을 들은 호세아의 심정은 어땠을까요? 일반적인 상식을 뛰어넘은 요구와 순종이 어떻게 가능할까요?

선지자의 삶은 그렇습니다. 선지자는 자신의 유익을 위해서 사는 존재가 아니라, 하나님의 일을 드러내는 사람들입니다. 말과 행동으로 하나님의 뜻을 드러내는 삶을 사는 이들입니다.

이것은 하나의 상징적인 행위입니다. 사람들에게 무엇인가 깨닫게 하기 위해서 하는 행위입니다. 말로만 해서는 듣지 않으니, 온몸으로 보여 주는 것입니다.

"나의 부정한 결혼을 통해서 너희가 깨달아라. 이것이 하나님을 떠나 다른 이방 우상들을 따라가는 너희들의 모습이다." 호세아는 그것을 증거 하는 것입니다.

하나님은 이사야 선지자에게도 3년 동안 벗은 몸, 벗은 발로 다니라고 했습니다. 왜 이런 수치스런 명령을 했을까요? "너희들이 회개하지 않으면 나처럼 벗겨지고 찢어져서 노예로 끌려갈 거야." 라고 말하는 것입니다. 이것이 선지자의 삶입니다.

호세아가 고멜과 결혼해서 세 명의 아이를 낳았습니다. 첫째 아이는 이스르엘입니다. 둘째는 딸을 로루하마입니다. 셋째는 아들인데, 로암미입니다. 그런데 자녀들의 이름을 살펴보면 정말 가슴 아픕니다.

이스르엘은 땅의 명칭입니다. 아합 왕이 나봇에게 포도원을 빼앗고, 그곳에 별장을 세웠습니다. 하나님은 그것을 기억하시고 그 피를 갚겠다고 말씀합니다. 바로 보복하겠다는 것입니다.

그리하여 첫째 아들의 이름이 '이스르엘'입니다. '원수 갚음, 보복'입니다. 둘째, 로루하마는 긍휼이 여김을 받지 못한 자로, '미움. 저주'라는 이름의 뜻입니다. 셋째, 로암미는 '내 백성이 아니다, 내 자식이 아니다'라는 뜻입니다. 버린 자식이란 뜻이죠.

우리 모두가 그러하듯이 호세아도 자신의 자녀들에게 좋은 이름인 '축복이'나 '은총이'로 지어 주고 싶었겠지만, 이름을 버림, 저주, 보복이라고 지을 수밖에 없었습니다. 그 이름을 부를 때마다 호세아의 마음이 어땠을까요? 하나님은 왜 그렇게 시켰을까요?

　그것은 바로 이스라엘을 바라보시는 하나님 아버지의 마음을 표
현하는 것입니다. "너희들을 내가 버렸다. 미워한다. 그 피를 값을
것이다." 호세아는 자녀의 이름을 부를 때마다 애통하시는 하나님
의 마음을 느끼는 것입니다.
　자녀의 이름을 통해 호세아는 하나님의 아픔을 알았습니다. 모
두가 다 하나님을 떠나고 다른 신들을 찾아갈 때, 어느 누구도 하
나님의 마음을 알아주는 이가 없었을 때, 하나님은 호세아를 통해
서 그 마음을 느끼게 하셨습니다. 자녀로부터 배신당한 아버지의
마음을 느끼게 하셨습니다.

　남자의 사랑이 하나님을 닮기 위해서 하나님의 마음을 느껴야 합
니다. 순간의 감정으로 사랑하는 것이 아니라 절절한 가슴 아픔으
로 느껴야 합니다. 사랑하기 싫다고 돌아서는 것이 아닙니다. 사랑
하지 않으면 안 되기에 사랑하는 것입니다. 그것이 하나님의 마음
입니다.
　떠나간 이를 바라보며 눈물로 서 있는 하나님의 마음입니다. 돌
아서기를 간절히 기다리며 서 있는 하나님의 마음입니다. 그것이
남자의 사랑이어야 합니다.

사랑할 수 없는 존재를 사랑하라

그런데 호세아의 아내 고멜이 살다가 자식을 버리고 도망을 갑니다. 그냥 도망간 것이 아니라 다른 남자에게 갑니다. 하지만 하나님은 다시 호세아에게 그 여자를 사랑하라고 합니다. 오히려 돈을 주고 그 여자를 사 오라고 말씀합니다.

3:1 여호와께서 내게 이르시되 이스라엘 자손이 다른 신을 섬기고 건포도 과자를 즐길지라도 여호와가 그들을 사랑하나니 너는 또 가서 타인의 사랑을 받아 음녀가 된 그 여자를 사랑하라 하시기로 2 내가 은 열다섯 개와 보리 한 호멜 반으로 나를 위하여 그를 사고 3 그에게 이르기를 너는 많은 날 동안 나와 함께 지내고 음행하지 말며 다른 남자를 따르지 말라. 나도 네게 그리하리라 하였노라.

"다시 데려와라. 돈을 주고라도 데려와라. 그리고 다시 사랑해라." 그러면서 하나님이 이스라엘을 사랑하는 마음을 보여 주십니다. 1절에 하나님은 다른 신들을 섬기는 이스라엘의 모습을 지적하는데 "이스라엘이 건포도 과자를 즐기지만, 나는 아직도 그들을 사랑한다."고 말씀합니다. "바알과 아세라를 따르며, 그들의 제사에 사용되는 음식을 먹고 즐기는 그들을 아직도 사랑한다."고 말씀합니다.

"나는 나를 버리고 떠난 그 백성을 아직도 사랑한다. 나는 아직도 너희들을 사랑한다."

이것이 '하나님의 사랑'입니다. 하나님은 우리를 포기하지 않으십니다. 여전히 돌아오기를 기다리고 계십니다. 바보처럼 그 자리에서 기다리고 계세요. 여전히 그들을 사랑하고 있다고 고백합니다.

자신을 버린 그들을 끝까지 바라보고 계시는 것, 이것이 하나님의 사랑이에요. 떠나간 그 사람의 빈자리를 바라보면서 눈물 흘리는 것, 그것이 하나님의 사랑이에요. 하나님은 이스라엘과 행복했던 시절을 추억하세요. 그리고 우리와 행복했던 그 시간을 추억하세요.

호세아에게 다른 사람을 사랑하겠다고 떠나간 고멜을 다시 사랑하라고 말씀합니다. 돈을 주고 사와서라도 그녀를 사랑하라고 합니다. 왜 그랬을까요? 하나님은 왜 호세아에게 그런 여인을 사랑하라고 하실까요?

"나도 사랑하니까. 너도 사랑해."

이것이 호세아서가 우리에게 말하는 '사랑'입니다. 우리는 스스로에게 물어야 합니다. 나는 고멜을 사랑할 수 있나? 나를 버리고 나에게 큰 상처를 주고 떠난 그 사람을 사랑할 수 있나? 나를 힘들게 한 그 사람을 사랑할 수 있나?

살아가면서 상처를 주고 떠나간 수많은 사람들, 사랑할 수 없는 그들을, 하나님은 사랑하라고 말씀하는데 나는 사랑할 수 있나? 사랑할 수 없는 그 사람을 사랑하라는 것, 용서할 수 없는 그 사람을 용서하는 것, 화해할 수 없는 그 사람과 화해하는 것. 이런 사랑을 할 수 있어야 합니다.

남자가 고백해야 하는 것이 바로 이런 사랑이에요. 남자가 사랑해야 할 대상들입니다.

하나님은 오늘날 그리스도인들에게 이러한 사랑의 능력이 있는지 물으십니다. 또한 남자들에게 자신에게 상처를 주고 떠나간 그녀를 다시 사랑할 수 있는지를 물으십니다. 아니, 묻는 것이 아니라 그렇게 사랑하라고 말씀합니다.

호세아가 고멜을 다시 사랑하기로 다짐하면서, 떠나간 이스라엘을 품으시는 하나님의 사랑을 느낍니다. '하나님이 그렇게 아프셨구나. 그렇게 눈물 흘리셨구나.' 사랑 때문에 아파본 사람은 압니다. 눈물로 긴 밤을 지새워 본 사람은 압니다. 그 사랑이 나를 아프게 하지만, 그 사랑이 나를 살아 있게 한다는 것을 압니다.

헨리 나우웬의 책 중에 〈상처 입은 치유자〉라는 책이 있습니다. 책의 제목처럼 내가 아무런 상처가 없고 아무런 아픔이 없어서 그 사람을 품고 치유하고 회복시키는 것이 아닙니다. 내 안에 상처가 있어서 나도 힘들지만, 예수 그리스도의 십자가의 사랑과 그 상처를 확인한 순간 우리는 타인의 아픔을 품을 수 있는 것입니다.

하나님의 사랑을 확인한 순간, 십자가의 사랑을 확인하는 순간, 우리는 누군가의 상처와 아픔을 치유할 수 있습니다. 남자의 사랑은 치유하고 회복시키는 사랑이어야 합니다.

잘못된 사랑의 결과

4:10 그들이 먹어도 배부르지 아니하며 음행하여도 수효가 늘지 못하니 이는 여호와를 버리고 따르지 아니하였음이니라. 11 음행과 묵은 포도주와 새 포도주가 마음을 빼앗느니라. 12 내 백성이 나무에게 묻고 그 막대기는 그들에게 고하나니 이는 그들이 음란한 마음에 미혹되어 하나님을 버리고 음행하였음이니라. 13 그들이 산꼭대기에서 제사를 드리며 작은 산 위에서 분향하되 참나무와 버드나무와 상수리나무 아래에서 하니 이는 그

나무 그늘이 좋음이라. 이러므로 너희 딸들은 음행하며 너희 며느리들은 간음을 행하는도다. 14 너희 딸들이 음행하며 너희 며느리들이 간음하여도 내가 벌하지 아니하리니 이는 남자들도 창기와 함께 나가며 음부와 함께 희생을 드림이니라. 깨닫지 못하는 백성은 망하리라.

하지만 결국 이스라엘은 하나님을 떠나갔습니다. 하나님이 아닌 우상을 선택했어요. 그들이 어떻게 타락해 가는지 잘 보여 줍니다.

10절에서 그들은 음행합니다. 11절에서 그들은 술에 취해 있습니다. 12절에서 그들은 나무에게 묻습니다. 그리고 또 음행을 합니다. 14절을 보면, 남자들이 창기와 음란한 행위를 한다고 전합니다.

그들이 섬겼던 바알우상은 농사를 주관하는 신입니다. 풍요를 가져다주는 신입니다. 당시 농사를 짓기 위해 가장 필요한 것이 '비'였습니다. 특히 이스라엘이 거주하던 가나안 지역은 비가 잘 안 오는 지역이었습니다. 그래서 농사철이 되면 농사의 신, 바알에게 예배하지 않으면 안 되었습니다.

하지만 바알은 굉장히 음란한 신입니다. 바알의 신화를 보면, 그의 아내 아세라 여신과 성관계를 통해 그가 살아났다는 기록이 있습니다. 이 때문에 바알의 신전에서는 항상 성행위가 집단적으로 일어납니다. 예배를 돕는 신녀들이 신전에 가득했습니다. 바알의 예배는 집단 성관계입니다.

9:10절을 읽어 보세요. 바알 신전에 가서 남녀가 그렇게 성관계를 합니다. 그러면 바알도 그의 아내 아스다롯(아세라), 여신과 하늘에서 성관계를 하고, 그것으로 비가 내린다고 생각했습니다. 비를 얻기 위해 수많은 이스라엘 남녀가 바알 신전에서 비윤리적이고 퇴폐한 성관계를 하는 것입니다. 타락의 극치를 보여 주는 대목입니다.

북 이스라엘에 바알 우상이 가득했던 때가 아합 왕과 이세벨 때입니다. 그때 엘리야 선지자가 기도해서 3년 6개월 동안 비를 내리지 못하게 했습니다. 왜일까요? 비가 오면 백성들은 바알 신이 응답했다고 생각했기 때문이에요. 그래서 엘리야가 갈멜산에 그 우상선지자들을 다 죽인 후에야 그들이 망한 후에야, 비가 다시 내리도록 하게 합니다. 비를 주시는 분이 바알이 아니라 하나님이시기 때문입니다.

호세아 6:3절에서 하나님께서 늦은 비를 내리시겠다고 말씀합니다. 10:12절에서도 여호와께서 공의를 비처럼 내리시겠다고 말씀합니다. 호세아 다음에 있는 요엘서 2:23절에서도 여호와 하나님께서 이른 비와 늦은 비를 내려 주시겠다고 합니다.

예언서에 왜 이처럼 비 이야기가 많이 나올까요? 나라의 멸망이 다가올수록 사람들이 하나님이 아닌 바알을 사랑했기 때문입니다. 잘못된 사랑을 하고 있기 때문입니다. 육체적인 쾌락과 우상에 빠져 허우적대기 때문입니다.

우상은 인간의 욕망에 의해서 만들어집니다. 돈에 대한 욕심이 맘몬을 만들어요. 성욕이 바알을 만들어 내요. 골로새서 3:5절에서 탐심이 곧 우상 숭배라고 했습니다. 인간들은 돈의 신을 만들어 놓고, 그 신을 섬기면서 자신의 욕심을 정당화합니다. 성의 신을 만들어 놓고, 그것을 섬기면서 자신의 성행위를 정당화시킵니다. 명예의 신을 복의 신을 만들어 놓고, 그것을 섬기면서 자신을 정당화합니다.

이스라엘은 우상뿐 아니라 다른 나라도 의지합니다. 하나님을 떠난 사랑은 다른 대상을 향합니다. 주변의 힘 있는 나라들을 선택합니다. 이스라엘은 지금의 미국과 중국과 같이 당시 강대국들이었던 앗수르와 애굽에게 달려가 도움을 요청합니다.

하나님을 사랑한다는 것은 다른 것을 사랑하지 않는다는 것을 의미합니다. 하나를 선택했다는 것은 나머지를 포기했다는 것을 의미합니다. 하지만 북 이스라엘은 하나님이 아닌 다른 것을 선택합니다.

그들은 하나님이 아닌 주변 강대국들을 의지합니다. 7:11절과 12:1절에 이 같은 내용이 잘 나타납니다. 위기가 찾아오자, 먼저 앗수르와 계약을 맺습니다. 그 앗수르가 자신들을 멸망시킬 존재라는 것을 눈치 채지 못한 채 말이죠.

그러면서도 다른 한편으로 애굽에게 손을 뻗칩니다. 북 이스라엘은 눈에 보이는 힘센 나라를 의지하려 합니다. 앗수르와 애굽의 어깨에 기대어 살 길을 찾습니다.

하지만 결국 이스라엘은 멸망의 길에 들어서고 맙니다. 눈에 보이는 우상과 나라들을 의지했던 북 이스라엘. 잘못된 사랑의 결과는 곧 자신들의 죽음이었습니다.

잘못된 선택은 멸망을 가져옵니다. 남자는 사랑해야 할 대상이 누구인지 정확하게 알아야 합니다. 그리고 그분만을 사랑해야 합니다. 그것도 끝까지 사랑해야 합니다.

나를 떠나갔다고 해서 포기하지 않는 것, 그것이 하나님의 사랑을 닮은 남자의 사랑입니다. 모든 것을 내어주더라고 돌아오기를 기다리며 사랑하는 남자이어야 합니다.

남자, 그가 사랑해야 할 사람들

사랑은 남자의 선택이 아니라 의무입니다. 누군가를 사랑하지 않는 사람은 자신을 사랑하지 못하는 사람입니다. 너는 나의 다른 이름이니까요.

하지만 수많은 '너' 중에 꼭 사랑해야 할 '너'가 있습니다. 그 사람은 아무에게도 주목받지 못하는 연약한 '너'입니다. 남자는 그런 '너'를 찾아다니며 사랑하는 사람입니다.

1 아는 것이 사랑하는 것입니다

사랑은 단순한 감정이 아닙니다. 인격적인 것입니다. 알고 느끼고 함께 살아가는 것입니다. 사랑한다면 그 사람을 알아야 합니다. 깊이 알아야 합니다. 하나님을 사랑한다면 하나님을 알아야 합니다. 더 많이 더 높이, 그리고 더 깊이 알아야 합니다. 그래서 아는 것이 사랑하는 것입니다.

2 하나님의 마음을 느껴라

호세아는 이스라엘을 잃어버린 하나님의 안타까운 마음을 느꼈습니다. 여전히 그들을 사랑하시는 가슴 아픈 하나님의 사랑을 알았습니다. 사랑할 수 없는 사람을 사랑할 수 있는 것은 하나님이 우리를 그렇게 사랑하기 때문입니다. 하나님의 마음을 느끼며 사는 사람의 사랑은 그 너비를 측량할 수 없습니다.

3 사랑할 수 없는 존재를 사랑하라

우리는 사랑하고 싶은 사람을 사랑합니다. 우리의 기준은 일반 사람들과 크게 다르지 않습니다. 외모, 학력, 재산, 가정환경, 지위 등으로 그 사람을 평가할 수 있을 때 사랑하기 시작합니다. 하지만 하나님의 사랑은 다릅니다. 존재 자체를 사랑합니다. 이유가 있어서 사랑하는 것이 아닙니다. 사랑하기 때문에 사랑합니다. 남자는 그런 하나님의 사랑을 닮아야 합니다.

4 잘못된 사랑의 결과

사랑에는 책임이 뒤따릅니다. 아니 뒤따라야 합니다. 올바른 것을 사랑하지 않을 때, 순수한 마음으로 사랑하지 않을 때, 그 결과는 처참할 수 있습니다. 나의 욕망을 따라 사랑하면 실패합니다. 세상의 기준과 방법으로 사랑하면 후회합니다. 하나님을 사랑하되 끝까지 사랑하십시오. 그 마음으로 함께하는 사람들을 사랑하기 바랍니다.